KB161337

무난하게 사는 게 답이야

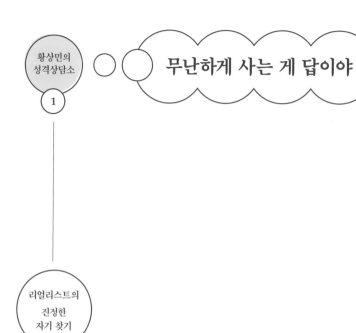

황상민의
성격상담소

1

무난하게 사는 게 답이야

리얼리스트의
진정한
자기 찾기

심심

일러두기

이 시리즈는 심리학자 황상민 박사가 10여 년간 연구 끝에 고안한 성격 유형
검사 WPI(Whang's Personality Inventory)를 기반으로 만들었습니다.
WPI는 한국인의 성격을 다섯 가지 유형으로 분류했으며 이 시리즈는
각 유형별 맞춤 성격 안내서입니다. 내담자와의 실제 상담 사례를 바탕으로
각 유형의 성격 특성과 문제 상황별 해결책을 상세하게 알려줍니다.
사례의 세부적인 내용은 모두 사실이지만 사생활 보호를 위해 신원이
노출될 만한 정보는 걸러냈습니다.

진정한
자기 찾기

지구별을 표류 중인 여행자 여러분.

안녕하세요.

저는 셜록 황의 상담을 번역하는 인공지능 로봇 W-Tbot(WPI translating robot)입니다.

일본 작가 나쓰메 소세키가 소설 《나는 고양이로소이다》에서 고양이를 1인칭 관찰자로 등장시킨 적 있지만 단언컨대 번역 로봇이 화자인 책은 우리 은하 최초가 아닐까요?

셜록 황은 10년 넘은 연구 끝에 한국인을 위한 성격 검사인 WPI를 개발한 뒤 이를 활용해 한국인이 겪는 고통의 정체를 파악하고 해결하는 일에 매진 중입니다. 저는 WPI, 그리고 WPI를 활용해 상담한 내용의 이해를 돕기 위해 개발된 W-Tbot이고요. 앞으로 저와 함께 셜록 황의 촌철살인 솔루션을 쉽고 재미있게 들여다보게 될 것입니다.

셜록 황은 쉬운 말로 상담하지 않지만 충분히 재밌습니다. 그 이유는 아이러니하게도 일반적인 통념이나 틀을 획일적으로 적용하지 않기 때문이에요. 이런 면 때문에 어렵다고 느끼는 사람도 있고 복잡하다는 사람도 있어요. 심지어 위험하다고 생각하는 사람도 있죠. 당연하다고 믿었던 사고 패턴을 뒤흔드는 이야기는 그렇게 양가적 반응을 일으키게 마련입니다.

셜록 황의 이야기가 어렵다고 느끼는 분들은 "사람 사는 게 다 비슷하지, 뭐"라고 생각할 가능성이 높아요. 그런데 정말로 사람이 다 거기서 거기일까요? 셜록 황은 "사람마다 다르고 상황마다 다르다"고 얘기해요.

이 명제를 그동안 다양한 경험과 연구로 확인 했거든요.

셜록 황의 WPI 성격 검사에 따르면 인간의 마음은 다섯 가지 대표적인 특성에 따라 **리얼리스트**, **로맨티시스트**, **휴머니스트**, **아이디얼리스트**, **에이전트**의 경향으로 드러납니다. 일상생활에서 흔히 쓰는 말이 아니라서 단번에 와 닿지 않는 단어도 있을 겁니다.

우선 지금까지 사용해온 각 낱말의 쓰임을 고이 접어 주머니 속에 넣어두세요. 왜냐하면 단어의 의미가 중요한 것이 아니라 이 단어가 나타내는 특성을 지닌 사람이 지구별에서 어떤 행동을 하는지 관찰하는 것이 더 중요하니까요.

각자 다른 방식으로 자기 찾기 중인 지구별 사람들의 이야기를 다섯 권의 작은 책에 담았습니다.

리얼리스트는 진정한 내가 누구인지 알기 위해 여러 사람과 '관계 맺기'를 간절히 추구하지요. 다양한 관계 속에서 비로소 안정감을 얻으며 살아 있다고 느낍니다.

로맨티시스트는 '아름다운 나'를 찾겠다는 의지로 거짓 없는 자신의 느낌을 끊임없이 확인합니다. 한없이 든든하고 신뢰할 만한 누군가에게 의탁하고 싶어 하면서도 한편으론 스스로에 대한 확신을 얻으려 여기저기 헤매죠.

휴머니스트는 누구에게나 '멋있고 의리 있는 나'를 갈망합니다. 분명한 기준과 틀(규범)이 멋진 나를 완성해준다고 믿지요.

아이디얼리스트는 다른 사람과 구별되는 '남다른 나'를 고대합니다.

마지막으로 에이전트는 전력을 다해 이룬 성과로 뿌듯함을 누리고 싶어 합니다. 실적에 따른 합당한 보상을 받을 때 '보람찬 나'를 만나게 됩니다.

이 책은 리얼리스트의 자기 찾기를 다룹니다.

다른 성향에 비해 리얼리스트의 특징이 뚜렷한 사람은 진정한 자기를 찾고자 애씁니다. 자신의 진정한 자아를 다른 누군가 혹은 무엇으로부터 확인하려는 심리가 리얼리스트의 특성이지요. 그래서 인생을 '나를 찾아 떠나는 여행'으로 보고 진짜 나를 발견하기까지 가면을 쓰겠다고 다짐하며 살아갑니다.

리얼리스트는 진정한 자기 찾기를 위해 끊임없이 관계를 추구합니다. 타인에게 부단히 '나'를 묻는 모습이 좀 짠하기도 하지요. 남에게 번듯하게 보이는 일에서 존재 이유를 찾는 것 자체가 리얼리스트의 삶이랍니다.

자기평가 나는 어떤 성격 유형일까	리얼리스트 realist	로맨티시스트 romantist
타인평가 내가 중요하게 생각하는 가치는 무엇일까	릴레이션 relation 사교적, 외향적, 활동적, 개방적 태도. 유쾌하고 활동적인 모습을 지향. 사람들에게서 에너지를 받으며 긴 침묵이나 고립을 견디지 못함.	트러스트 trust 성실하고 정서적으로 안정되어 있으며 주위 사람에게 믿음직스러운 모습을 보이고 싶어 함. 새로운 방식이나 변화를 좋아하지 않고 긴박한 상황을 부담스럽게 여김.

자기평가 · 나는 어떤 성격 유형일까

WPI 자가 진단 툴에서 '내가 생각하는 나' 체크리스트를 검사한 결과지를
바탕으로 진단한다. 자기평가 항목에는 다섯 가지(리얼리스트,
로맨티시스트, 휴머니스트, 아이디얼리스트, 에이전트)가 있으며 진단 결과
점수가 가장 높은 것이 그 사람의 '성격 유형'을 나타낸다. 예를 들어
리얼리스트 항목 점수가 가장 높으면 그 사람을 '리얼리스트 성향',
'리얼리스트 유형'이라고 부른다.

휴머니스트 humanist	아이디얼리스트 idealist	에이전트 agent
매뉴얼 manual	**셀프** self	**컬처** culture
관리, 통제하려는 속성이 강하며 기존의 틀이나 규범을 준수하려 함. 자기만의 틀에 맞추려다 보니 고집을 강하게 부리는 경우가 많아 유연성이 떨어짐.	개성이 강하며 무엇보다 자기 자신이 중요하고 혼자서도 잘 지냄. 타인에 대한 관심과 몰입도가 떨어지고 호기심이 여기저기로 자주 옮겨감.	지적, 문화적, 예술적 향유를 중요하게 생각하며 여유롭고 멋진 삶을 지향. 취향과 코드가 분명하고 자기만의 세계를 추구함.

타인평가 · 내가 중요하게 생각하는 가치는 무엇일까

WPI 자가 진단 툴에서 '주변 사람이 생각하는 나' 체크리스트를 검사한 결과지를 바탕으로 도출한다. 타인평가 항목에는 다섯 가지(릴레이션, 트러스트, 매뉴얼, 셀프, 컬처)가 있다. 검사 결과 점수가 가장 높은 것이 '그 사람이 중요하게 생각하는 가치'를 의미한다. 예를 들어 릴레이션 점수가 가장 높으면 그 사람은 '릴레이션을 삶에서 가장 중요하게 여긴다'고 진단한다.

— 나는 다른 사람에게나 일을 할 때
대체로 믿음직한 사람이다.

— 나는 다른 사람을 도울 때 보람을 느낀다.

— 나는 혼자보다는 다른 사람과 같이 일하는 것이 좋다.

— 나는 맡은 일을 철저하게 수행한다.

1

만족을 모르는 사람들 · · · · · · · ·

나는 지금 잘 살고 있는 걸까요

이번 사연의 주인공은 가장 안정적인 직업으로 알려진 공무원으로 일하는 분입니다. 삶에 회의감이 들어 번뇌하다가 갑자기 자신의 성격과 성향이 궁금해졌다고 하는데 그 진행 과정이 흥미롭네요. 우선 직접 이야기를 들어보시죠.

저는 현재 마흔한 살입니다. 지금 가장 고민스러운 것은 제가 제 성격에 맞게 잘 살고 있는지 하는 점입니다. 20대와 30대 초반까지는 해야 할 것, 하고 싶은 것이 명확해서 별다른 걱정이 없었어요. 그런데 30대 이후부터 제가 정말로 원하는 것이 무엇인지, 어떻게 살아야 행복할지 의문이 생기더군요. 지금껏 '나는 이렇게 살아야 해'라고 스스로 만든 이상적이고 당위적인 모습으로 살아온 것은 아닌지 고민스럽습니다. 그러다 보니 이전과 달리 현재의 역할이나 일에 몰입되지 않고 때론 무력감도 느껴집니다.

예전에는 제 일과 역할이 명확했는데 이제는 무엇을 위해 이러고 사는지, 정말 잘 살고 있는 것인지 회의감이 듭니다. 비록 머릿속으로는 알고 있으나 더 이상 재미가 느껴지지도, 실행하고 싶지도 않네요. 제 능력 이상으로 애쓰며 살고 싶지 않다는 생각도 들고요. 그러다가 갑자기 제 성격과 성향이 궁금해졌습니다.

제가 제 성격과 성향대로 살고 있는지, 혹시
스스로 만들어낸 모습을 추구하는 것은 아닌지
혼란스럽습니다. 성격대로 살지 않아서 부대끼는 게
아닌가 하는 생각도 들고요. 아울러 제 성격으로
볼 때 어떻게 사는 것이 즐겁고 평안할지 알고
싶습니다. 이런 걸 물어봐도 되나요?
물론 저는 현재의 직업에 만족하며 마음만 먹으면
앞으로 할 수 있는 것도 많다고 생각합니다. 제가
추구하는 가치는 즐거운 삶, 마음의 평화, 정서적
안정, 프로 정신, 유머입니다.

내담자의 고민은 이분 성격을 그대로 보여줍니다.
고민의 요점을 간추리자면 이렇지요.
'저는 지금 잘 살고 있나요? 제 역할은 무엇인가요?
제가 제 성격에 맞게 살고 있나요? 예전에는 잘
살았는데 지금은 행복이 무엇인지 잘 모르겠어요.'
이러한 고민 자체가 이분이 굉장히 현실적인
유형이라는 것을 보여줍니다.
아이디얼리스트가 자신이 잘 살아왔는지 회의감을
품는 대표적인 경우는 시시포스의 저주에 빠질 때죠.
자신의 상태가 좋지 않으면 근심하지만 어느 정도 살
만하면 그런 생각을 하지 않아요.

• • •

　내담자는 마흔한 살로 직업이 공무원인데 이 정도면
대한민국에서 굉장히 부러움을 받는 위치에 속합니다.
이분의 WPI 프로파일*을 보면 자기평가와 타인평가가
거의 다 일치하네요. 이것은 심리적으로 안정적이라는
의미인데 그러면서도 번민하고 있어요.

　겉보기에 남부러울 것이 없는데 고뇌하는 유형이
바로 리얼리스트입니다. 리얼리스트는 등을 떠밀어
지구를 반 바퀴 돌고 오라고 하면 실제로 그렇게 합니다.
휴직계를 내고 6개월쯤 실컷 세계여행을 하고 돌아와
복직하지요.

　가끔 신문에 20여 년간 공직에 몸담아온 사람이
어느 날 갑자기 승진을 포기하고 가족과 함께 지구를
한 바퀴 돌고 온 사연이 기사로 나오기도 하죠.
이런 사람은 세계를 일주한 뒤 복직하는 한편 책을
출간해 자신의 경험을 소개합니다. 자기만족에 젖어
'나, 이런 것도 했어!'라며 뿌듯해하는 것이지요.

• 자기평가와 타인평가 검사 결과를 그래프로 도식화한 것.
　프로파일을 통해 그 사람의 성격 유형이 무엇인지, 또 삶에서
　가장 중요하게 생각하는 가치가 무엇인지 파악할 수 있다.
　즉, WPI 프로파일은 그 사람의 특성이 무엇이며 현재 어떤
　상황인지를 알려주는 도구다. WPI 프로파일은 WPI 자가 진단
　웹사이트 https://check.wisdomcenter.co.kr에 접속해
　검사하면 확인할 수 있다.

비록 동료에 비해 승진은 몇 년 늦겠지만 새로운 경험에 따른 충만감으로 삶의 활력을 얻죠. 이것이 바로 리얼리스트의 특징입니다.

리얼리스트는 자신이 이상적이라고 여기는 삶의 목표에 도달하면 성공했다고 보고 안정감을 얻습니다. 그렇지만 '최대치'로 충전해도 그 사용기간은 최대 10년입니다. 10년이 지나면 몽땅 방전되어 다시 회의감이 몰려오지요. 왜 그럴까요? 너무 안정적이라서 그래요. 과제를 달성한 삶에 익숙해지면 처음의 목표는 당연시하게 마련이지요.

새로 번듯한 목표를 세우면 그만일 텐데 리얼리스트는 여기에 서툽니다. 그러면 처음의 당위적인 목표는 직접 만든 것일까요? 대개는 부모나 사회가 '이래야 한다'라고 정해준 것입니다. '너는 공무원이 되어 평탄하게 살아야 한다'는 사고방식을 주입받고 마침내 그것을 이룬 것이지요.

이분은 리얼리스트답게 스스로 만든 이상적인 모습으로만 살아온 것은 아닌지 자신을 의심하고 있네요. 사연 속에서 자신의 심리 상태를 잘 표현하고 있죠. 언뜻 자신을 잘 아는 것 같지만 실은 그렇다고 생각하지 않습니다.

• • •

홍미롭게도 리얼리스트는 만족을 몰라요. 그래서 이분처럼 객관적으로는 행복할 만한 환경임에도 불안해하며 불행하다고 주장합니다. '여기서 멈추면 안 돼!' 하는 마음이지요. 그와 동시에 '내일은 어떻게 될지 몰라. 미래는 불완전하고 불확실해'라고 여깁니다.

물론 미래가 불완전하고 불확실하다는 것은 진리죠. 한데 리얼리스트는 갑자기 '명제'를 '문제'로 뒤옆고는 무엇이 앞날을 보장할지 찾기 시작합니다.

지금까지 많은 사람이 앞날을 보장받기 위해 연금, 보험, 부동산, 자식, 돈, 금으로 평화를 갈망해왔지요. 그러나 이제는 확실한 게 아무것도 없는 세상이 되어버렸습니다. 이분도 평온을 갈구하며 이것저것 꿍무니를 쫓아다녔어요. 헬조선에서 그나마 믿을 수 있는 것은 돈이지요. 그러다 보니 많은 사람이 '자식은 신의를 저버려도 돈은 배반하지 않는다'고 생각합니다.

이분은 15년째 공직에 재직 중인데 일에서 의미나 재미를 발견하지 못해 무력감을 느낀다고 하네요. 무력감은 누구나 겪는 것이므로 그 자체는 그리 큰일이 아닙니다. 핵심은 무엇 때문에 의욕을 상실했느냐에 있지요.

자기 역할에 충실하지 못하고 일에 몰입되지 않으면 누구나 기운이 빠지는 법입니다.

이분은 한마디로 '심심한 리얼리스트'입니다.
평탄하고 안정적인 리얼리스트인데 아무 일도 일어나지
않는 상황에 초조감을 느끼는 겁니다. 겨우겨우 생계를
연명하는 서민 입장에서는 호강에 겨워 요강을 깨는
소리로 들릴지도 모르지요. "배가 불러서 저런다"라며
혀를 끌끌 차는 사람도 있을 테고요.

그런데 이분은 정말로 위기감을 느끼고 있어요.
지금껏 성실하게 살아왔는데 어느 날 스스로 그려온
이상적인 모습이 틀렸을지도 모른다는 두려움이
몰려온 것입니다. 그러면 다시 근사한 표본을 만들어
똑같아질 때까지 기를 쓰면 되지 않느냐고요?

어쩌죠? 리얼리스트는 삶의 표본을 직접 만들지
못하기 때문에 협찬을 받아야 해요. 그것이 영감이든
미션이든 어딘가의 협조를 얻어야 하지요. 예를 들면
종교 단체, 정당, 부동산 투자 설명회, 투자 회사 등이
있죠.

종교 단체에 가면 뭐라고 하지요? 착하게 살아라,
남에게 봉사하라, 존재 이유를 찾아라, 내세를 위해
복을 지어라 등을 말합니다. 이건 W-Tbot 식으로
말하면 '진정한 나'의 최신 버전 업데이트 패치
프로그램입니다.

또 투자 설명회에 가면 '이 펀드가 유망하다, 저
종목이 뜬다' 하는 비전을 제시해줍니다. 리얼리스트는
대개 재산이 늘어나면 복이 온다고 장담하죠. 그래서

대박이 난다는 말을 새로운 복음으로 받아들이고
찬양합니다.

춤, 서핑, 여행, 운동 등 취미 활동에 몰입하는 것은
어떨까요? 물론 공무원들도 다양하게 여가를 즐기지만
생각만큼 쉽지는 않아요. 가령 '춤' 하면 리얼리스트는
민망해하고 윤리적인 기준에서 벗어났다고 여기지요.
또 산티아고 순례를 떠나려면 적어도 한 달은
휴가를 내야 합니다. 방학이 있는 교육공무원이 아니면
한 달간 연차휴가를 내는 것은 눈치가 보이는 일이죠.
설령 교육공무원일지라도 아이디얼리스트나
로맨티시스트라면 몰라도 리얼리스트는 잘 실행에
옮기지 못합니다. 현실적으로 영양가가 없기
때문이에요. 리얼리스트가 이 정도 각오를 하려면
부가가치가 있어야 합니다.

그 밖에 부업도 고려해볼 수 있는데 자칫 '공무원
영리 행위 금지'나 '겸직 금지' 관련 법규 위반에 해당될
수 있어요. 물론 가족 명의로 할 수도 있으나 만약
이분이 그렇게 하려 했다면 상담을 신청하지도 않았을
겁니다.

• • •

사실 리얼리스트가 셜록 황에게 사연을 보내는
경우는 드물어요. 복잡한 속내를 진솔하게 털어놓으며
"내 성격을 알고 싶어요"라고 하소연하지도 않고요.

가능하면 자기 나름대로 부업을 하며 자신의 성격적 문제나 현실적 어려움을 모두 해결합니다. 그런데 이분은 부업을 하고 싶어 하지는 않네요. 물불 가리지 않고 이런저런 일을 하는 것은 자신에게 어울리지 않는다고 생각하는 거지요.

종교에 귀의할 수도 있어요. 한데 남에게 봉사하며 선하게 사는 것은 감격스런 일이지만 요즘에는 그런 모임에 참여하려면 돈이 꽤 많이 듭니다. 이런저런 명목으로 돈을 내놓으라면 왠지 뜯기는 것 같아 찜찜하지요. 이분, 종교와도 거리가 먼 것 같습니다.

이분은 '나는 잘 살고 있는가?'라는 질문을 던지면서 한편으로는 그 무엇에도 더 이상 재미가 느껴지지도 실행하고 싶지도 않다고 했어요. 그다음에 '밑줄 쫙'입니다. '내 능력 이상으로 애쓰며 살고 싶지 않다'고 했는데 딱 리얼리스트답습니다.

이분은 자신의 능력을 알까요, 모를까요? 바로 이 지점에서 이분이 헷갈리고 있네요. 왜냐하면 자신의 능력을 궁금해한 적이 한 번도 없거든요. 능력의 최대치까지 가본 적도 없고요. 아마 자기 능력의 범위를 공무원 시험에 합격한 것까지로 한정하고 있을 겁니다. 어쩌면 덕분에 지금껏 공무원으로 열심히 일해 온 것인지도 모릅니다. 앞으로도 잘할 것이고요.

공무원 생활에 최적화된 방식은 '내 능력 이상으로 애쓰며 살지 않는다'입니다. 이렇게 생각하는 사람은 공무원 생활에 잘 적응하는데 이를 극명하게 드러내는 공무원계의 영업 기밀은 이것입니다.

'쓸데없이 일을 벌이지 않는다. 시키는 일 외에는 하지 않는다. 알아도 입을 다문다.'

여기에는 미리 한계를 긋고 결코 그 선을 넘지 않겠다는 신념이 담겨 있죠. 이런 사람들은 새로운 것을 싫어하며 이들에게 창의성은 호환마마보다 더 무서운 치명적인 바이러스입니다.

• • •

내담자의 성향은 공무원에 적합하고 스스로 공무원이라서 흡족해합니다. 그런데 많은 사람이 부러워하는 위치에 있으면서 자신의 특성과 성격을 궁금해하네요. '제가 제 성격과 성향대로 살고 있는지, 혹시 스스로 만들어낸 모습을 추구하는 것은 아닌지 혼란스럽다'고 했는데 그 질문에 답을 하자면 이렇습니다.

"네, 당신은 당신의 성격과 성향대로 살고 있습니다. 그리고 당신은 스스로 만든 이상적인 모습을 추구하고 있어요."

이분은 지금 80퍼센트 정도 뿌듯해하는 형국이지만 남은 20퍼센트가 마음에 걸리는 겁니다. '성격대로 살지

않아서 부대끼는 게 아닌지' 하는 문장에서 그것을
읽을 수 있지요.

이분, 남들만큼 승진도 하고 있어요. 괜히 막연하게
마음이 어지러우니까 무언가 부대끼는 게 있다고 믿는
것뿐이지요. 리얼리스트는 '막연하게 불안해하는'
특징이 있습니다.

리얼리스트는 편안하면 편안함 그 자체를 문제로
여깁니다. '이렇게 편안해도 되는 건가?' 하면서 자신이
살아 있다는 것을 확인받고 싶어 하지요. 시련이 없다
보니 '인간이 고통 없이 살아도 되는가' 싶고 자신이
잘 살고 있는 게 수상한 겁니다.

'사서 고생한다.'

이것이 리얼리스트의 생존 방식이자 번뇌입니다.
이처럼 팩트 폭행을 하면 내담자는 기분이 상하겠지만
'제 성격으로 볼 때 어떻게 사는 것이 즐겁고 평안할지
알고 싶습니다. 이런 걸 물어봐도 되나요?'라는
물음에서 이것을 충분히 알아챌 수 있지요.

• • •

마지막으로 '제가 추구하는 가치는 즐거운 삶,
마음의 평화, 정서적 안정, 프로 정신, 유머입니다'라고
했는데 여기서 이분을 가장 잘 드러내는 키워드는
무엇일까요? 바로 정서적 안정과 유머입니다. 이런
사람에게 프로 정신이 있을까요?

일단 프로 정신을 갖추면 유머가 사라집니다. 또 프로는 계속 발전을 시도하므로 정서적 안정을 유지할 수 없지요. 여기에 더해 프로는 항상 긴장하는 탓에 마음의 평화를 지속하기가 어려워요. 치열하게 분투 중인 프로에게 평화가 가당키나 한 일입니까.

이분이 진짜로 바라는 것은 무엇일까요? 간단히 말해 놀면서 프로로 살아가는 삶입니다.

즉, 마음의 평화와 정서적 안정을 유지하며 즐겁고 유머 있게 살아가는데 남들이 이렇게 평가해주는 상황을 기대하는 것이지요.

"오, 당신은 프로입니다! 놀라운 공무원이군요."

일종의 프로 공무원을 꿈꾸는 겁니다. 아흔아홉 마리 양을 가진 사람이 한 마리 양을 더 채웠을 때 누리는 완전한 기쁨을 만끽하려 한다고나 할까요? 이 모든 것을 손에 쥐고 프로로 인정받는 것이 가능할까요? 좀비 세계에서는 가능합니다. 서로서로 프로 공무원이라고 치켜세우면 되니까요.

유머가 있으면 이것은 충분히 가능하지요. 프로 공무원의 기본 자질이 '유머로 대하기'라면 유머만 장착하면 지금의 모든 문제를 해결할 수 있어요. 스스로 '그래야 한다'라고 생각하는 당위성과 어떤 일이 벌어져도 유머로 대하는 것이 프로 공무원의 전형적이고 이상적인 모습이라고 느낀다면 말이지요. 자신의 능력 이상으로 애쓰며 살지 않아도 되고요.

지금 이분은 충분히 잘 살고 있어요. 모든 일을 유머러스하게 처리한다면 더 즐겁고 편안하게 살 수 있을 것입니다.

2

살아 있어도
살아 있는 것 같지 않은 · · · · · · · ·

뚜렷한 생각과 진정한 제 모습을 찾고 싶어요

이번 사연은 자신이 좀비가 되어버렸다고 자책하는 30대 직장 남성의 이야기입니다. 어떤 답답한 사연이 있기에 스스로 저주에 걸렸다고 할까요?

저는 지금 저주에 걸렸습니다.

평소 〈황상민의 심리상담소〉를 즐겨 듣는데 놀랍게도 사람들이 겪는 갈등과 느끼는 감정이 저와 비슷하더군요. 저만 겪는 문제가 아님을 알고 나서 WPI 검사를 한 뒤 뜻밖의 결과를 얻었습니다. 검사 전에는 제게 아이디얼리스트와 로맨티시스트 성향이 둘 다 있을 거라고 짐작했으나 실제로는 로맨티시스트 특성을 보이는 리얼리스트에 컬처가 높더군요. 리얼리스트가 맞겠죠?

어린 시절에 저는 호기심이 많았어요. 그림 그리기와 노래 등 예체능 분야에도 소질이 있었고요. 특히 격투기 같은 '무예'를 좋아해 20대 초반에는 여기에 몇 년간 빠져 지냈습니다. 지금껏 저는 현실에 부합하는 '제가 원하는 모습'으로 바뀌려고 노력했어요. 그래서 성향이 많이 달라졌지요.

어릴 때는 혼자 지내는 것을 좋아했지만 지금은 홀로 있는 것을 견디지 못합니다.

저는 서비스직에 종사합니다. 정기휴업이나

연차휴가를 제외하고 일주일에 하루를 쉬지요.
그런데 쉬는 날에도 마음 편히 쉬질 못합니다.
무언가를 해야만 마음이 편하거든요. 취미로 TV를
보거나 게임을 하면 괴로워요. 잠을 실컷 자보면
어떨까 싶어서 하루 종일 잠만 잔 적이 있어요.
그러자 더 우울해졌고 두 번 다시 그렇게 할
생각이 없습니다. 그렇다고 적극적으로 활동하며
돌아다니지도 않습니다.

즐겁고 재미있게 지내고 싶으면서 한편으로 만사가
귀찮고 아무것도 하기가 싫습니다. 주변 사람과
공감대를 형성하기도 어렵고 관계도 좋지 않은
편이고요. 직장 생활은 물론이거니와 개인 생활도
바닥으로 떨어져 있어요. 어떻게 하면 맑은 생각과
굳은 심지를 가지고 살 수 있을까요? 제가 너무
타인에게 맞추고 문제를 회피하며 살아온 걸까요?

취직 후 처음 6개월 동안은 무척 행복했습니다.
새로 배우는 일이 흥미로워서 시간 가는 줄
몰랐지요. 한데 6개월이 지나면서 점점 일이
어긋났어요. 예를 들면 회사에 떠도는 좋지 않은
소문 때문에 불안해 하던 직원들이 간신히
인내하다가 1, 2년을 버티지 못하고 나갑니다.
친한 동료가 퇴사할 때마다 제 멘탈이 흔들리지요.
굉장히 참기 어려워요. 제가 힘든 이유는 월급이
적어서가 아니라 목적이 사라졌기 때문입니다.

현재 저는 백화점에서 판매직 매니저로 근무 중입니다. 손님을 많이 상대하는 일이죠. 이렇게 경력을 쌓으면 실력이 늘어 언젠가는 점장이 되겠지요. 그러나 점장이 되고 싶은 의욕이 없어요. 급여는 적어도 무언가 보람이 있고 의미 있는 과제가 있어야 하는데 다 사라져버렸거든요. 입사한 지는 겨우 1년밖에 되지 않았습니다. 저는 어떻게 해야 할까요?

요즘 저는 출근하는 좀비입니다. 가끔 퇴직한 옛 동료와 통화하면 괜찮은 직장에 들어가 잘 지내고 있는 것 같아 부럽습니다. 그 사람의 연봉이 아니라 목표를 향해 열심히 사는 게 부럽지요. 그래도 월급은 제 날짜에 딱딱 들어오니까 적당히 일하면서 욕심을 부리지 않고 지내볼까 했는데 진짜 그렇게는 못살겠어요. 살아 있다는 기분이 들지 않아요.

극단적으로 말해 목숨 걸고 신나게 목표를 향해 달리고 싶은데 그럴 일이 없네요. 화병이 난 것인지 가끔 가슴이 답답합니다. 술을 마시고 거리를 방황해도 해결되지 않고요. 어떻게 하면 진정한 제 모습으로 활력 있게 살 수 있을까요? 현실적으로 제 목표가 지나치게 이상적이라 이렇게 괴로운 걸까요? 평소 부러워하며 닮고 싶은 사람을 찾아가 조언을 구하고 친해지면 될까요?

자신이 저주에 걸렸다고 한탄하는 이분,
그 안타까움이 이야기에서 전해집니다. 셜록 황은
짐짓 심각한 표정으로 이렇게 응답하네요.

"한마디로 좀비 저주에 걸리셨네요."

이분, 당황한 눈치가 역력한데 제가 W-Tbot 사전에
'좀비'라는 단어를 검색하니 '살아도 살아 있는 것 같지
않은 상태'라는 메시지가 뜨네요. 몸이 자기 마음대로
움직이지 않고 그저 마지못해 생활하는 상태지요.
셜록 황이 "살아도 사는 것 같지 않으시죠?
그걸 좀비라고 불러요"라고 덧붙이자 놀란 기색이
조금 누그러듭니다.

이분, 회사에 가서 일을 해도 기계처럼 지내고
있으니 '저는 어떻게 해야 할까요?'라고 물을 수밖에요.

· · ·

일반적으로 이런 분에게는 "고정 수입이 있으니
예술 쪽에 취미를 붙이는 것도 좋다"라는 조언을
해줍니다. 영화, 공연, 음악 등 뭐든 새롭게 개척하다
보면 생생한 삶의 기쁨을 얻을 거라고 말이지요. 직업이
자아실현의 도구일 필요는 없습니다. 일자리는 돈을
버는 용도만으로 충분하니까요. 즉, 돈을 안정적으로
벌면서 삶의 가치를 다른 방향에서 모색하는 것도
좋다는 얘기입니다.

지금 이분은 목숨을 걸 만큼 몰입할 만한 신나는

일을 찾고 있다고 했어요. 물론 몸이 축날 정도로
24시간 내내 판매 업무에 매달려야 한다면 이분이
원하는 것을 이룰 수도 있겠지요. 그러나 이분은
월급을 위해 그러고 싶진 않아요. 그러면서 한편으론
뭐든 '진짜' 잘하고 싶어 합니다.

　휴일에도 마음 편히 쉬지 않네요. 한마디로
끊임없이 움직여야 하는 유형인 겁니다. 그런데 좀 더
진지하고 생산적인 활동을 해야 제대로 살고 있다고
느낍니다. 취미로 TV를 시청하거나 게임을 하면 '이게
뭐하는 짓인가' 하는 회의감을 느끼며 불편해합니다.
자신의 일에서 벗어나 다른 것에 빠지면 괜히 사기 치는
것 같고 자신이 한심하게 여겨지지요.

　여러 요인을 바탕으로 분석했을 때 이분은 확실히
리얼리스트입니다. 리얼리스트에게 가치 있는 목표란
남들이 중요하게 생각하는 것을 말합니다. 자신만
뿌듯하게 여기는 것은 의미가 없어요. 취미 생활을
쓸모없다고 판단하는 이유가 여기에 있지요.

　이분의 가장 큰 문제는 자신의 성향에 부합하는
삶을 살고 있지 않다는 점이에요. 자기에게 맞는
생활양식과 의의를 추구하지 못하는 거죠. WPI 검사를
하기 전에는 자신을 아이디얼리스트나 로맨티시스트로
짐작했는데 막상 검사해보니 리얼리스트와
에이전트였지요. 그렇다면 이분에게 가장 중요한 것은

'현실적으로 영양가가 있는지, 없는지' 하는 점입니다.
즉, 세속적인 성공을 원하는 거죠.

실제로 이분은 주어진 임무를 잘 처리하려 하고
또 잘해내고 있어요. 한데 정작 본인은 '주어진 일에
최선을 다하는 나는 멋지지 않다'라고 확신합니다.
자신의 역할은 가치가 떨어지고 인간관계도 별로 좋지
않으며 득이 될 것도 없으니 '하면 안 된다' 하는 답을
정해놓은 거지요.

겉보기에 이분은 주위의 공감을 얻으며 의미 있게
사는 것처럼 보이려고 노력합니다. WPI 프로파일로
볼 때 이분의 '삶의 목표'는 행복, 즐거운 인생, 성공,
정서적 안정, 무던한 인간관계지요. 그런데 이것만으로는
어쩐지 수수해보이니까 발전, 성장, 긍정적 태도 같은
아이디얼리스트의 욕망을 가미했어요.

검사 결과를 놓고 봐도 이분은 전형적인
리얼리스트입니다. 기본적으로 뚜렷한 비전이나 꿈이
없어요. 스스로 생각해봐도 비전과 꿈이 명확하지 않을
겁니다. 이분은 자신이 하는 일과 인간관계에서 이루고
싶은 소망조차 가져본 적이 없어요. 그러면서 자신의
일과 인간관계에서 무언가를 이뤄야 한다고 믿고
있지요. 이것은 스스로 불신하면서 한편으로는 그것이
이뤄지기를 바라는 역설적 심리입니다.

· · ·

　이분은 어디에서 돌파구를 찾을 수 있을까요? 이분의 WPI 프로파일은 오늘날 한국 사회에서 진보적이라고 자처하면서 한편으로는 주류와 대세를 추종하는 리얼리스트의 표본입니다. 이분은 지금까지 타인의 시선을 의식해 거기에 맞추거나 문제를 회피하며 살아왔지요. "코끼리는 생각하지 마!"라는 말을 듣는 순간 머릿속은 코끼리로 가득 차고 맙니다. 그러니 '타인의 시선' 파일 자체를 삭제하고 휴지통을 비워야 해요. 그 후 자신만의 목표나 진심이 생기면 이분의 난제는 해결됩니다.

　맑은 생각과 굳은 심지를 가지고 살고 싶다는 염원은 주변 사람들이 그렇게 살도록 힘을 보탤 때 가능해져요. 이것은 종교 집단이나 봉사 단체에 참여해 활동하는 분들이 느끼는 성취감이죠. 이를 위한 최선의 방법에는 종교 모임에 참가하기, 지인들과 어려운 이웃 돌보기 그리고 의미 있는 사업에 동참하기 등이 있어요. 그렇다고 전적으로 종교인이 되거나 사회복지사업에 투신하라는 것은 아닙니다. 조건 없이 누군가를 보살피면 그 사람의 변화를 보면서 '내가 한 알의 밀알로 살고 있구나' 하는 긍지를 얻지요. 그럴 때 이분은 혼자가 아니라 더불어 사는 소중한 경험을 오감으로 느낄 수 있습니다.

결혼도 좋은 해법이죠. 결혼을 하면 사랑으로
맺어진 배우자도 완전한 내 것이 될 수 없다는 진리를
자각합니다. 내 결단이 가장 중요한 줄 알았는데 막연한
신념보다 가족을 이해하는 것이 먼저라는 새로운
차원의 사유도 하지요. 그것이 가장 보람 있고 의미
있는 과제가 될 때, 맑은 생각과 굳은 심지를 지향하며
성취감을 느끼려는 것이 얼마나 허황된 것인지 몸소
깨닫게 될 겁니다.

'어떻게 하면 진정한 제 모습으로 활력 있게 살 수
있을까요?'라는 질문도 흥미롭네요. 생활 속의 활력은
추상적이고 거창한 가치를 추구할 때 생기는 것이
아니랍니다. 소소한 일상에 의미를 부여할 때 생기지요.
'진정한 나'는 따로 정해진 것이 아니라 그냥 '현재의
나'입니다.

진짜 나 찾기 탐구생활 · · · · · · ·

더 이상 믿을 수 없는 그 사람, 어떡해야 할까요

지속적인 남편의 거짓말 때문에 부부 사이의 신뢰가
깨진 어느 중년 부인이 상담소를 방문했어요. 셜록
황에게 직접 조언을 듣고 싶었던 거지요. 가까울 때는
한없이 가깝다가 돌아서면 남보다 못한 것이 부부
사이라는데 어떤 사연이 있는지 함께 살펴봅시다.

　　저는 남편을 불신합니다. 결혼 30년차 부부인데
　　지난 25년 동안은 티격태격하면서 그럭저럭
　　살았습니다. 하지만 결혼 생활 내내 불안했어요.
　　남편은 저를 제외한 모든 사람에게 무한정 호의를
　　베푸는 사람이에요. 때로는 그 호의가 도를 넘어
　　다른 여성과의 스캔들로 번지기도 했지요. 다른
　　여성들에게 단순한 친절 이상으로 대합니다. 제가
　　옆에 있어도 개의치 않고 심하게 자상하지요.
　　직장 동료들과도 그렇게 지냅니다. 언젠가는
　　친한 직장 여성의 자녀 운동회에 참석해 점심을
　　사줬다는 말을 들었지요. 우리 아이 운동회에는
　　한 번도 참석한 적이 없으면서 말이에요.
　　휴대전화를 보니 그 여성이 '오빠, 그립다'는 문자를
　　보냈더라고요. 그걸 보고 제가 뭐라고 하자 남편은
　　그냥 직장 동료일 뿐이라고 하더군요. 심지어 저를
　　무시하면서 언어폭력을 가하기도 했지요.
　　5년 전 제가 결정적인 증거를 잡았습니다.
　　차에 녹음기를 설치해 물증을 확보한 겁니다.

3 ― 진짜 나 찾기 탐구생활

그때는 남편이 잘못했다며 싹싹 빌더군요. 별것
아니라더니 이후로도 몇 번이나 더 들켰네요.
이제는 남편이 무얼 하는지 궁금하지 않아요.
남편에 대한 신뢰가 바닥입니다. 콩으로 메주를
쑨다고 해도 믿지 않을 정도지요.
더구나 남편은 경제관념이 희박해서 여러 번
보증 문제로 분란을 일으켰어요. 어찌어찌해서
해결을 했지만 그것을 지적하면 때로 저에게
폭력을 휘두릅니다.
남편은 늘 제게 무언가를 감추는 것 같아요.
그러면서도 막연한 말로 저를 현혹하며 자신을
믿으라고 주장해요. 남편은 소위 말하는 '불안한
자아'의 소유자인 듯합니다.
예전보다 조금 나아지긴 했지만 저는 절대 남편을
믿지 않아요. 일주일에 한 번은 부부싸움을 하며
지냅니다. 남편은 여전히 휴대전화 비밀번호 패턴을
수시로 바꾸며 살고 있지요.
남편은 제게 의부증이라고 합니다. 딱 한 번 걸린
것 말고는 딴짓을 한 적이 없다는데 제가 직접
알아본 것이 아니니 사실 여부는 알 수 없지요.
제가 정말 의부증이라면 치료를 해야 하는 거고요.
특히 제가 견디기 힘든 것은 남편의 거짓말입니다.
거짓말을 했을 때 진위를 따지면 남편은 불같이
화를 내면서 물건을 집어던지고 욕설도

퍼붓습니다. 그때를 떠올리기만 해도 심장이
벌렁거리네요.

저는 굉장한 피해의식에 젖어 있어요. 이런 제가
정상인가요? 남편은 제가 결벽증이라며 제게
문제가 있다고 하더군요. 어떤 때는 남편에게
복수를 하고 싶어요. 남편을 버리고 싶기도 하고요.
부부 사이가 매번 달라지니 불안합니다. 그때마다
마치 새로운 사람과 사는 느낌이 듭니다.

더 이상 감정 소모를 하고 싶지 않아요. 삶의 질이
너무 떨어져서 이혼하고 싶어요. 그런데 막상
이혼을 하려니 딸의 결혼을 앞두고 있네요. 남편의
주장대로 저는 의부증인가요?

"걱정 마세요. 의부증 아니에요."

셜록 황이 우선 단호하지만 부드럽게 말했습니다.
이분, 셜록 황의 확신에 찬 태도에 살짝 놀란 눈치지만
금세 표정이 누그러지네요. 안심이 됐는지 좀 더
근본적인 고민을 털어놓습니다.

"그동안 팟캐스트 〈황상민의 심리상담소〉를
애청해왔어요. 방송을 들으며 얻은 팁을 일상에
적용해보려 했지만 생각만큼 쉽지 않더군요. 있는
그대로의 저를 파악하는 것이 몹시 어려웠어요.
저는 제가 리얼리스트라고 생각했는데 WPI 검사
결과 리얼리스트와 함께 아이디얼리스트도 나오자

당황스러웠습니다. 늘 제가 우유부단하다며
자책해왔거든요."

평소 자신의 행동이 못마땅해서 좀 더 단호한
사람이 되길 원하는 것은 충분히 이해가 갑니다.
그러나 정말로 그런 사람이었다면 이분은 더 힘들었을
겁니다. 제가 W-Tbot으로서 지금까지 여러 부류의
상담을 지켜봐왔는데 대개는 '이런 단점을 고치면 내
삶이 훨씬 더 좋아지거나 나아질 것'이라고 기대합니다.
그런데 나중에 보면 자기 인생을 꼬이게 만든 주범이라
확신한 그 특성이 그나마 그만큼이라도 살게 도와준
버팀목으로 밝혀지죠. 참 아이러니한 일이지요.

살짝 눈물이 고인 내담자가 말을 이어갑니다.
"저는 착하게 살아야 복을 받는다는 말을 들으며
자랐어요. 그런데 선하게 살아오면서 사실은 착한
사람이 복을 받기는커녕 고생만 하는 것은 아닐까 하는
의문을 품게 되었습니다. 복은 매우 뻔뻔하고 자기
잘못을 끝까지 부인하는 사람들이 받는 것 같고요.
그러자 울화가 치밀면서 앞으로 무엇을 삶의 기준으로
삼아야 할지 막막해지더군요."

셜록 황이 물었습니다.
"지금, 남편 일 말고 자기 인생에서 가장 큰 문제가
뭐라고 생각하세요?"
"감정이 조절되지 않는 거요."

• • •

이분은 지금 끓어오르는 화를 내버려두면 뒷감당을 하지 못할까봐 그냥 억누르는 중입니다. 그러면 '자학 모드'에 빠지고 말지요. 괴로울 때는 뭐든 하지 않으면 미칠 것 같은데 자기학대는 결코 도움이 되지 않는다는 것은 알고 있어요. 남편을 고칠 수 없다는 것도 알고 있죠. 남편은 절대 반성하지 않을 겁니다. 결국 할 수 있는 게 아무것도 없으니 이분은 더욱더 미칠 지경입니다.

이분은 '참는다'고 말하지만 남편을 고칠 수 없음을 인정하고 싶지 않은 것뿐이에요. 아직 문제의 본질을 모르고 있는 거지요. 리얼리스트는 자신의 삶을 주변 사람에게 맞추려고 합니다. 바로 이것이 고통의 근원이에요.

이분이 남편에게 "당신이 뭘 하든 상관하지 않겠어. 나는 내 삶을 살 거야"라고 말해도 공허한 외침이 되어버립니다. 상대방이 어떤 행동을 하든 반응하지 않고 스스로 행복해질 수 있는 무언가를 찾겠다고 다짐도 하지요. 이때 쾌락 추구 차원이 아닌 '진짜 내 욕구는 무엇인지'부터 물어야 하는데 그런 질문에 익숙하지 않아요. '진짜 나'는 어떤 욕망을 충족시키고 싶어 하는지 고민해본 적이 없기 때문입니다.

셜록 황이 이분에게 소망을 물었습니다. "자유롭고

싶어요. 집을 떠나 며칠이라도 자유롭게 돌아다니고 싶어서 여행을 갔는데 성에 차지 않더라고요"라는 대답이 돌아오네요.

아이러니하게도 이분은 자유를 간절히 원한다면서 진정한 자유가 무엇인지 깊이 생각해본 적이 없습니다. 그저 마음대로 무언가를 해보고 싶다는 수준이죠. WPI 프로파일을 보면 이분은 이미 하고 싶은 것을 다 하고 있어요. '자유'롭게 살고 있는 거죠.

이분은 무언가 몰두할 수 있는 것, 오직 나만 할 수 있는 것으로 인정받고 싶어 해요. 그런데 그것이 무엇이냐고 물으면 말문이 막힐 겁니다. 이분이 하고 싶어 하는 것의 기준은 '자신의 역할과 책임을 놓치지 않고 하고 싶은 것도 다 하는' 것이지만 역할을 정하지 못해 무얼 어떻게 해야 하는지 정확히 모르기 때문이죠. 또한 이분은 리얼리스트로서 비교적 만족스러운 상황에 있어요. 역할을 제대로 수행하고 있는지 자신은 없지만 일단 남에게 '이렇게 살아야 한다' 혹은 '이런 모습이 가장 멋있다' 하고 어필하려 합니다.

• • •

지구별 여행자들의 멍한 표정을 보니 좀 더 쉬운 예를 들어야 할 것 같습니다. 김수현 작가의 드라마를

보면 매사에 불만인 시어머니나 고상한 척하는 중년
여성 캐릭터가 많이 등장합니다. 여럿 떠오르죠?
그들은 대개 호강에 겨워 배부른 소리만 늘어놓지요.

저는 비록 로봇이지만 제게는 인간사의 구석구석에
숨은 온갖 데이터가 있답니다. 지금 이분의 데이터가
'호강에 겨워 배부른 인간' 폴더에 조심스럽게
추가되었군요.

안타깝지만 이분, 본인은 미치고 환장할 노릇일지
모르지만 호강에 겨워 배부른 소리를 한다는 말을
들을 확률이 높아요. 그러니 이분의 분노 게이지가
점점 더 상승할 수밖에요. 분노의 원인에는 여러 가지가
있어요. 아내를 두고 다른 여자들에게 쉼 없이
기웃거리는 남편을 향한 배신감, 이러려고 30년을 함께
살았나 하는 자괴감, 더 이상 남편을 믿지 못해 추락한
신뢰감 등이 그것입니다.

그런데 이것은 순전히 남편의 문제입니다. 이분이
아무리 잘해도 남편은 고작 그런 인간에 불과합니다.
이분의 노력과 무관하게 남편이 달라질 가능성은
조금도 없어요. 이분도 이 모든 것을 머리로는
압니다. 남편은 경국지색과 함께 살아도 한눈을 팔
인간이니까요.

이분은 지금 지나간 청춘에 대한 회한이랄까,
지나온 30년 동안 겪은 억울함과 분노에 사로잡혀

있습니다. 물론 지나온 세월이 억울하고 분할 수도
있지만 단지 세월이 지나간 것뿐입니다. 남편이 이분의
청춘을 가져간 것이 아니에요. 그렇게 살라고 강요한
적은 없으니까요.

　사람들은 흔히 자발적 노예를 자처합니다. 가령
대한민국 국민은 자기도 모르게 '자발적 노예'의
마음으로 대통령을 뽑곤 합니다. 그리고는 나중에
속았다며 따지는 일이 매번 반복되고 있어요. 남편과
아내, 부모와 자녀 관계도 마찬가지예요. 대개
'자식이라면 마땅히 그래야 한다'며 노예의 덕목을
읊어대죠. 부모의 도움을 받았으니 자라면 효도로
갚아야 한다는 얘기지요. 부모가 낳아 길러주는 것은
감사한 일이지만 그 은혜는 다음 세대인 자식에게 갚는
것이 이치가 아닐까요? 그러면 자식은 독립된 인격체로
각자 알아서 사는 것이 진짜 효도겠지요. 이런 게
상식이 되면 더 이상 부모 자식 사이에 주종관계가
성립하지 않지요.
　심지어 부부는 부모 자식 사이도 아니니 서로
원하는 것을 동등하게 주고받는 것이 맞아요. 주인과
종의 관계가 아니니까요. 내담자가 이 의견에 동의하면
현재 직면한 문제의 본질을 인식할 수 있을 겁니다.

• • •

이분은 남편에게 더 이상 기대하지 않는다고
하면서도 아내로서 최선을 다한 자신과 달리 도리를
다하지 못한 남편을 향한 원망이 깊숙이 남아
있습니다. 무엇보다 신뢰가 깨진 것을 가장 가슴
아파하지요. 부부 사이에는 절대적인 신뢰가 있어야
한다고 믿으니까요.

그런데 부부 사이에 절대적인 신뢰가 꼭 필요할까요?
'부부 사이에는 꼭 신뢰가 있어야 한다'고 맹목적으로
믿는 근거는 뭔가요? 혹시 '부부 사이에는 신뢰가
필수다'라는 그 말을 진리라고 믿으며 그 말의 족쇄로
사는 것은 아닐까요? '무엇무엇을 해야 한다'는
당위적인 삶의 방식은 대한민국 사람들을 비극으로
몰아가는 원흉 중 하나입니다.

'부부간의 믿음'이라는 것은 참으로 근사한 말입니다.
부부 사이에 신의가 있어야 하는 것은 맞아요.
그러나 서로 다른 문화에 속했던 낯선 사람들이
한 공간에 모여 사는 게 부부예요. 신뢰는 하늘에서
떨어지는 것이 아니지요. 두 사람이 공동체를 일구는
과정에서 만들어지는 것입니다. 애초부터 절대적인
믿음을 가정하면 부부 생활을 하면서 본의 아니게
배우자를 속이게 됩니다.

신뢰란 시간이 지나면서 차곡차곡 쌓이는 겁니다.

그런데 한국 사람들은 본래 존재한 적 없던 신뢰가
잔뜩 있다고 착각한 채 결혼하고 세월이 흐르면서
그것이 뚝뚝 떨어지는 경험을 합니다. 죽을 때쯤이면
완전히 남남이 되겠죠. 이것이 결혼을 바라보는
한국인의 기본 심리입니다.

〈님아 그 강을 건너지 마오〉라는 다큐멘터리 영화가
크게 화제가 된 적이 있습니다. 그 다큐멘터리를
보면 할머니와 할아버지가 서로를 몹시 아끼고
사랑하지요. 사실 감독은 영화에서 관람객의 시선을
흩뜨리는 눈속임을 하고 있는데 셜록 황이 그 부분을
잡아냅니다.

영화는 할아버지가 젊은 시절에 할머니를 얼마나
괴롭혔는지 그다지 언급하지 않아요. 관람객은 두 분이
한평생 알콩달콩 살았을 거라고 착각하지요. 그것은
관람자가 만들어낸 신화입니다. 영화는 중간 중간
할아버지가 제법 딴짓을 했음을 암시하는 단서를
보여주고 있어요. 할머니가 곱게 단장하는 것도 짐작이
가게 하는 대목이지요. 할머니는 주인집 아가씨였고
할아버지는 머슴 비슷한 형편이었잖아요. 그럼에도
불구하고 할아버지가 속을 썩였으니 할머니가 무척
힘드셨을 것입니다.

다른 각도에서 보면 감독이 현명한 선택을 한

셈입니다. 다큐멘터리이긴 하지만 그래도 영화잖아요.
셜록 황처럼 팩트 폭행을 하면 관객은 감동할 수
없어요.

셜록 황은 결혼을 연구하면서 대한민국 사람들은
왜 결혼 생활을 할수록 고통스러운지를 탐구했지요.
그 까닭은 내담자처럼 배우자에 대한 신뢰가 깨졌기
때문입니다. 갈수록 신뢰가 사라지면서 아픔을 겪는
것이죠.

미국인은 좀 다릅니다. 물론 그들도 서로 사랑해서
결혼하지만 처음 시작할 때는 신뢰가 0입니다. 그들은
결혼 생활을 0이던 믿음이 쌓이는 과정으로 이해하고
있지요. 그러니까 미국인과 한국인의 결혼관은 상당히
다릅니다.

흥미로운 것은 지금 같은 결혼관이 한국의 전통이
아니라는 점입니다. 옛날에는 거의 다 중매로 결혼
했어요. 부모님이 정해주는 사람과 혼례를 올렸죠.
얼굴도 본 적 없는 낯선 사람과 부부가 되었으니 아무
기대가 없었겠지요. '부부는 신뢰로 맺어진 관계'라는
개념은 생긴 지 얼마 되지 않습니다.

• • •

내담자는 거짓말을 밥 먹듯 일삼는 남편과 한 집에
살면서 영영 마주치지 않는 방법을 물었어요. 이 질문은
한 직장에 서식하는 인간 말종과 영영 마주치지 않고

일할 방도를 묻는 것과 같아요. 절이 싫으면 중이
떠나야 한다지만 인연을 끊는 것 말고는 가족을 떠날
방도는 없지요. 그렇다면 남편의 거짓말만 외면하면
될까요?

그것을 구분하는 것이 '나'의 역할이죠. 상대가
아니라 바로 '나'입니다. 남편의 거짓말이 끔찍하게 싫은
것은 남편이 아니라 '나'니까요. 남편은 대오각성해서
자신의 잘못을 고치겠다고 결의하지 않는 이상 바뀌지
않습니다. 그러니 이분이 조절할 수 있는 것은 남편이
아니라 자기 마음밖에 없어요.

자식도 마찬가지입니다. 꼴 보기 싫은 요소만
추출해서 제거할 수 없다면 그것까지 수용해야 하지요.
만약 남편에게 다른 불만이 없다면 딱 보기 싫은
부분만 도려내서 분리하는 게 그나마 방법입니다.

이분 남편은 모두가 좋아하는 호감형이에요. 그러니
남편의 민낯을 아는 이분은 더욱더 약이 오르겠죠.
남편의 단점은 이분을 고통스럽게 만들지만 타인에게는
해가 되지 않아요. 그 고난은 이분에게만 한정된
것입니다.

남편의 좋은 부분과 나쁜 부분을 하루아침에
구분하기는 힘들 거예요. 마음으로 천천히 하나씩
훈련해보세요. 만약 분리가 가능해진다면 거짓말을
싹 무시하고 살 것인지 자문하세요. 이어서 차례로

질문을 해보기 바랍니다.

남편이 다른 여자와 노닥거리는 짓거리를
어디까지 용납할 것인가? 남편은 왜 다른 여자들과
시시덕거리는가? 저 남자는 다른 여자에게만 관심이
있는가? 내게 싫증이 난 것인가?

이분 남편은 원래 한 여자에게는 만족하지 못하는
호랑말코 같은 족속일 수도 있어요. 누군가가 우쭈쭈
해주면 '금사빠'가 되잖아요. 어쩌면 이것저것 섞인
총체적 난국일지도 모릅니다. 하지만 그건 이분 잘못이
아니에요.

• • •

셜록 황이 내담자에게 하루 일과와 인생 목표를
물었습니다. 어떻게 살고 있는지도 묻네요. 뭐든 편하게
얘기해달라는 당부도 잊지 않았고요.

"전에는 학원을 운영했어요. 워킹맘이었죠.
헌신적인 엄마이자 아내였습니다. 한데 남편이 한눈을
판 이후로는 더 이상 가정을 위해 희생하고 싶지
않았어요. 가족이 아니라 저를 돌봐야 했는데 엄두를
내지 못했죠. 그러다가 모든 압박에서 벗어나고 싶어
앞뒤 가리지 않고 20년간 운영해온 학원을 덜컥
접었습니다."

그 이전에 상담을 받았어야 하는데 참으로
안타깝네요. 갑자기 학원 운영을 접은 것은 직접

삽으로 땅을 파서 무덤으로 들어간 형국입니다. 학원을
닫을 것이 아니라 부원장을 구하는 방안도 있는데
아쉽네요. 학원을 부원장에게 맡기고 몸과 마음이 지친
내담자가 푹 쉬었다면 더 좋았을 겁니다.

　　"모든 것을 뒤집어엎고 싶어요. 평생 누군가의
노예로 살았으니 거기에서 해방되려면 훌훌 털어버려야
하지 않을까요? 하지만 무얼 해야 할지 몰라 마음이
편치가 않아요. 운동하고 낮잠 자고 여행가는 일로
하루하루를 보내자 남편이 종일 노느라 바쁘냐며
빈정거리더군요. 나빠진 부부 사이를 조금이라도 나은
방향으로 돌려놓고 싶어서 살갑게 굴면 의부증이냐고
비아냥거리고요. 이런 모욕을 언제까지 견뎌야
할지 몰라 답답합니다. 남편은 입으로는 제 헌신에
감사한다는데 그건 그냥 입에 발린 소리입니다. 시간
여유가 생긴 제게 데이트를 청해도 그간의 앙금이
쉽게 풀리지 않을 텐데 남편은 무얼 믿고 이처럼
막무가내일까요?"
　　이분 남편은 평생을 그렇게 살았어요. 한결같이
자기중심적이었죠. 그러던 중 남편을 헌신적으로 섬긴
이분이 갑자기 주인과 노예의 관계에서 해방되었습니다.
그건 스스로 쟁취해서 얻은 자유가 아니라 어느 날
주인으로 착각하며 살던 노예가 '이게 아닌가벼' 하는
깨달음을 얻어 노예에서 벗어난 것이죠.

바쁠 때는 몰랐다가 시간이 남아돌자 잡념이 많아지면서 더욱더 억울하고 화가 치밀고 불안해진 상태입니다. 자신을 비참하게 만든 모든 사람을 처단하고 싶어 하지요. 그러나 평생 성실하게 살아온 습관이 쉽게 바뀌지는 않아요. 몸이 편해지면서 불만과 걱정은 늘었는데 이러지도 저러지도 못하니 엉뚱하게 직접 망나니 남편 길들이기 프로젝트를 시작한 겁니다.

• • •

"저는 그동안 감정 기복이 심하지 않았는데 요즘 부쩍 기분이 널을 뜁니다. 주위 사람들에게 격려도 자주 듣고 스스로도 주어진 역할을 잘해왔다고 믿고 싶지만 한편으로 보면 그렇지 않은 것 같아 저도 모르게 감정 기복이 심해졌네요. 그것이 은연중에 제가 지인들을 대하는 태도에 영향을 미치고 있어요. 제 자신은 감정 기복이 심해진 탓인 줄도 모르고 있었죠. 그래서 종종 '당신은 응당 이런 말을 들어도 싸고 나는 해야 할 말을 하고 있을 뿐이야'라는 말로 트러블을 일으킵니다. 이제 저는 어떻게 해야 할까요?"

셜록 황은 얼마간 푹 쉬었으니 이제 다시 일을 시작하라고 솔루션을 제시했습니다. 내담자가 아동센터 아이들을 가르치는 봉사 활동을 계획 중이라고 하자 셜록 황은 손사래를 쳤습니다.

전처럼 큰 학원을 차리지 않더라도 아이들 특성에

맞는 공부 방식을 코칭해주는 작은 공부방을 운영하는
것이 어떻겠느냐고 제안했습니다.

이분은 그 일을 아주 잘할 겁니다. 어차피 가르치는
자원봉사를 하려고 했잖아요. 큰돈을 벌겠다는
욕심만 버리면 됩니다. 자원봉사 개념으로 학부모와
학생들에게 상담을 제공하는 것이 훨씬 더 낫습니다.
이분에게는 성취욕을 불러일으킬 만한 강한 동기가
필요하거든요.

20년 학원 경영 비결을 기반으로 의논이 절실한
학생과 학부모에게 상담 서비스를 제공하겠다는
생각으로 접근하는 것도 좋습니다. 학교도, 학원도 뭣이
중한지 알지 못해 헤매는 시절이니까요. 어디서도 받을
수 없는 학습 코칭을 제공한다면 정말 보람이 있을
겁니다.

이분은 지난 30년간 주인으로 착각한 노예 인생을
살아왔어요. 이제부터라도 내 삶의 주인으로 사는 법을
찾아야 해요. 그 방법 중 하나가 자부심을 안겨주는
일을 하는 거지요. 비극적이게도 대한민국에는
이분처럼 보이지 않는 틀에 갇힌 아이들이 많아요.
그들이 중학교, 고등학교, 대학교 때 자신의 처지를
자각한다면 많은 것이 달라지지 않을까요?

· · ·

　상담이 더 진행되자 내담자는 결혼 초부터 남편과
떨어져 있고 싶어도 자식들 때문에 그러지 못했는데
이제라도 남편과 물리적으로 떨어져 사는 것이
어떠냐고 물었습니다.

　셜록 황이 깊이 숨을 들이마시고는 대답하네요.
일부러 남편과 떨어져 지낼 필요는 없다고. 그것이
절실했다면 벌써 헤어졌겠지요. 이분은 떨어져 사는
순간, 죄책감에 시달릴 유형이거든요. 남편이 있든 없든
자신만의 세계를 만들고 긍지를 느끼게 해줄 '내 일'을
하는 게 지금은 중요해요. 학원을 경영할 때 그나마
버텼던 이유가 여기에 있습니다. 일이 사라지자 갑자기
남편과의 연결 고리를 만들려고 노력하기 시작했죠.
그 안에서 자신의 가치를 입증하려 애쓴 겁니다.

　아내가 남편의 결점을 개선하려 하는 것은 노예가
주인을 잘 요리해서 '내 마음에 쏙 들게 고쳐야겠다'고
생각하는 것과 똑같습니다. 처음에 주인은 멋모르고
한두 번 따라 합니다. 그러다가 주인이 노예의 소망을
깨닫는 순간 어떤 일이 벌어질까요? 주인은 노예의
목을 가차 없이 베어버립니다. 노예가 감히 주인을
능멸했으니까요.

　내담자는 '주인이라고 생각하며 열심히 살아온
노예'라는 셜록 황의 견해에 동감을 표시했습니다.

주인이 자신이 아닌 다른 해방된 노예에게만 관심을
보이는 것에 격분했지요. 무언가 달라지길 바라며
'자유인 코스프레'를 해도 주인은 본척만척합니다.

사람들은 결혼 생활과 부부 관계를 '사랑'이란
단어로 포장합니다. 그러나 그 고귀한 감정은 연애할
때 잠깐 존재할 뿐이고 이후로는 의리, 신뢰, 책임으로
관계를 이어가지요.

결혼 생활은 제도이기 때문에 정서로 접근하면
마음을 다쳐요. 결혼을 상징하는 핵심 키워드는 신뢰,
책임, 역할, 의무이며 결혼은 사랑으로 하는 것이
아니에요. 설록 황은 "결혼 생활에서 사랑은 존재하지
않는다!"라고 단언합니다. 이 말을 들으면 사람들은
다들 거북한 표정을 짓던데 대체 왜 그런 건가요?
아시는 분은 W-Tbot에게 이메일을 보내주세요.

이제 이분은 더 이상 노예가 아님을 깨달았기에
노예 역할을 하면 안 됩니다. 책임과 의무에서도 이미
벗어났어요. 그럼에도 이분은 여전히 "아니야, 그래도
나는 해야 해"라며 우기고 있어요. 주인이 보기에는
정말 황당한 일이죠.

이혼을 요구하는 것도 매한가지입니다. 주인에게는
그것만큼 어처구니없는 요구도 없어요. 남편의 관심
사항은 기껏해야 '이 노예에게 얼마를 떼어줘야 하나?'
정도일 겁니다.

답은 이분의 WPI 프로파일에 있어요. 이혼하면
하고 싶은 것을 성취하기까지 귀찮은 일이 확 늘어날
거예요. 따라서 이혼은 그리 유익한 대책이 아닙니다.
셜록 황은 이혼 찬성주의자는 아니지만 이혼이 해답인
경우에는 가차 없이 진단을 내놓습니다. 한데
이 사례에서 이혼은 오답이랍니다.

. . .

이분은 아이디얼리스트를 지향합니다.
아이디얼리스트는 광야에서 자유롭게 외치고 싶다는
열망을 품고 있지요. 만약 이분이 광야에 나가 마음껏
외치면 어떤 일이 벌어질까요? 미친×이 나타났다며
너도나도 돌을 던질 겁니다. 어쩌면 사자를 만나 자기
몸을 일용할 양식으로 제공하게 될지도 모릅니다.

이분 남편은 아내에게 반골 기질이 있다며 불만을
토로하곤 했답니다. 아내가 약이 오를 때마다 자신을
괴롭힌다고 생각한 거죠. 그러다 보니 남편은 무슨
일이 생기면 '마누라가 또 성질을 부린다'며 대수롭지
않게 받아들이는 겁니다. 이처럼 남편이 아내의 행동을
일시적이고 발작적인 것으로 보는 경우 남편은 바뀌지
않을 가능성이 높습니다. 30년간 굳어온 패턴이 1, 2년
안에 바뀔 리 만무하지요. 남편의 갱생에는 적어도
30년 이상이 필요합니다.

그렇다고 '내가 30년이 걸리더라도 너를 인간으로 만들고 말리라' 하고 작심하면 가능할까요? 안타깝게도 습관은 쉽게 뒤집히지 않아요. 물론 죽을 각오로 덤벼들면 20년 안에 성공할 수도 있겠지요. 이것이 소기의 목적을 이룰 '최소한의 시간'이라 생각하고 지금까지와 180도 다르게 움직여야 합니다.

이분, 지금까지 자신이 주인인 줄 착각하며 노예로 살아왔잖아요. 그것과 정확히 반대로 하세요. 남들에게는 노예처럼 보이고 실질적으로 남편과의 관계에서는 주인처럼 살면 됩니다.

현 상태를 유지하면서 본인이 할 수 있는 일을 구체화하는 편이 좋습니다. 환경을 급격하게 바꾸면 더 힘들어집니다. 그것은 이분에게 결코 도움이 되지 않아요. 본인이 원하는 자유를 현실화하기 위해 어디서부터 시작해야 하는지도 모르고 또 그것을 이룰 만큼 지독한 유형도 아니거든요.

하루아침에 이뤄지는 것은 없어요. 기본 세팅에만 적어도 2, 3년은 걸릴 겁니다. 자책 모드로 살아온 세월도 소중한 경험이에요. 그 결과 셜록 황과 상담할 결심을 했으니까요. 이분이 스스로 의부증을 의심할 때 "당장 셜록 황을 만나라. 네가 의부증이 아니라는 것을 분명히 알아야 한다"라며 격려해준 친구도 있었다네요.

그런 좋은 친구도 있다니 그동안 잘 살아온 겁니다.

. . .

이분과 비슷한 유형 중에서 자기평가와 타인평가가
완전히 다른 부류도 있어요. 한마디로 절망의
구렁텅이에 빠진 불우한 이웃들이죠. 그들은 끊임없이
무언가를 불평합니다. 경제적인 문제, 자식 걱정,
시댁과의 갈등 등 그들에게는 불평거리가 산더미죠.

어찌 보면 그것은 그나마 다행일지도 모릅니다.
그처럼 뚜렷한 근거가 있으면 거기에 모든 원망을
퍼부을 수 있으니까요. 반대로 문제가 선명하지 않은데
힘들고 헷갈리면 해법을 찾기가 쉽지 않아요.

아마 이분은 하던 일을 그만두고 나서 문제가 더
심각해졌을 겁니다. 그럴 때는 즉시 자연스럽게 태세
전환을 해야 하지만 이분에게는 그런 결심이 힘들었을
거예요. 열심히 돈을 벌며 지내다 보면 신뢰가 쌓이고
문제가 해결되어 남편과 화목하게 지낼 수 있을 거라는
헛된 기대를 품었기 때문이죠.

'남편이 내 말만 잘 들으면 편히 살 수 있을
텐데'라는 착각은 노예로 살아온 이분에게 유일한
위안이었을 것입니다. 새삼 왜 나를 이처럼 노예로
키웠을까 하는 생각에 부모님이 원망스럽기도
했겠지요. 그러나 부모님의 강압으로 속을 썩인

남동생과 달리 착한 딸로 살아왔습니다. 그건 이분의
선택이었지요. 더구나 그것은 이분만의 불행이 아니에요.
착한 딸, 착한 아들로 살아온 사람은 중장년에 이르면
허망함을 느낍니다. '그저 착하게 살아왔을 뿐인데
이따위 결말이라니!' 하는 생각에 비참함을 느끼죠.

• • •

이분의 사전에 '거절'이란 단어는 없어요. 가족은
물론 친구에게도 그렇지요. 하다못해 친구들과 여행을
가도 계획부터 운전까지 모두 이분 몫입니다. "네가
잘하잖아", "너를 믿어" 같은 립서비스에 현혹되는
것이지요. 더 이상 호구가 되고 싶지 않다면 거절하는
법을 배워야 합니다.

거절도 능력이에요. 거절하면 싸가지가 없어 보이고
이기적으로 보일까봐 두렵지요. 도움을 받은 사람의
환한 미소를 보는 것이 좋기도 하고요. 거절하지
못하는 핑계는 수십, 수백 가지에 달합니다.

그러나 이분은 천지가 개벽하듯 순식간에 바뀔
수는 없어요. 변화는 아주 서서히 일어나지요. 단순히
돈을 더 벌고 부동산을 더 소유하는 문제가 아니라
다른 고민을 해보세요. 이를테면 '내가 진짜 원하는
것은 무엇인가? 착하게 산다는 것은 무엇인가?
나는 무엇을 이루고 싶은가? 나는 어떤 사람이 되고
싶은가?' 같은 고민 말이죠.

앞으로 몇 달 동안 지인들에게 묻거나 속 깊은
대화를 나누면서 사람들이 자신에게 무엇을 바라는지,
어떤 기대를 하는지 탐색해보세요. 열심히 살아온
지난날을 몽땅 부정하지 말고요. 아마 수많은 경험
속에서 '더 나은 세상을 만들기 위해 오직 자신만이 할
수 있는 역량'을 발견할 수 있을 겁니다.

주의할 것은 노예로 살거나 돼지로 사는 인생을
폄하해서는 안 된다는 겁니다. 요점은 진짜 '나'는
누구인지, 어떤 역할을 하는 것이 옳은지 깨닫는
일입니다.

아직 늦지 않았어요. 진짜 나 찾기 탐구생활.

4

나에게로 돌아가는 길 · · · · · · ·

남에게 이용만 당하는 삶, 어떻게 바꿀 수 있나요

인생 고민은 나이를 불문하고 찾아오는 모양입니다.
다음 사연 주인공은 자신의 본래 모습을 잃어버리고
고민에 빠진 30대 후반의 직장 여성입니다.
사람마다 인생 자서전은 다르게 쓰이는 법이니
사연도 제각각이겠지요. 이번 내담자의 긴 이야기를
들어봅시다.

저는 30대 후반의 직장 여성이에요. 40대 이후의
인생을 잘 설계하고 싶어서 상담을 신청합니다.
사실 저는 제가 기본적으로 어떤 사람인지 제대로
파악하지 못하고 있어요. 어디서부터 잘못된
것인지 모르는 게 문제의 시작이지요. 너무
답답합니다. 해결해야 할 당면 과제는 다음과
같습니다.
첫째, 이전 회사 사장님이 제게 빌려간 돈을 갚지
않고 있어요. 저는 항의도 못하고 있네요.
둘째, 친정어머니가 늘 제게 섭섭하다고 합니다.
하지만 자세한 요구 사항을 직접 언급하지는
않아요. 친정어머니를 대하기가 편치 않네요.
한집에 살 정도로 가깝지도 않고요. 친정어머니와
저는 데면데면하게 지냅니다.
셋째, 주변 사람들이 저와 어느 정도 친해졌다
싶으면 항상 거북할 정도로 충고를 합니다.
넷째, 현재 다니는 회사에서 실적을 내고는 있지만

앞으로 무얼 더 어떻게 해야 할지 모르겠어요.
지금까지의 업무 성과를 바탕으로 사업을 하고
싶은데 계획을 세우기가 어렵네요. 족집게
과외라도 받고 싶은 심정입니다.

다섯째, 경제관념이 없어요. 수입은 대개 사교
활동에 쓰는데 이것을 바탕으로 부가가치를
창출하고 싶지만 지지부진한 상태입니다.

여섯째, 매사에 목표의식 없이 돌진합니다. 주어진
과제를 열심히 하고 나면 허탈해지고요. 일을
끝내면 느껴지는 게 있지만 무엇을 위해 하는지는
늘 불분명합니다.

일곱째, 회사 내부나 거래처와의 관계에서 부딪힌
일이 있을 때 잘 따지지 못해요. 애초에 타인의
지시, 부탁, 약속, 충고 등을 잘 거절하지 못합니다.
듣다 보면 어느새 설득당하고 말지요. 상대방이
불가능한 일에 억지를 부린다는 생각 자체를 하지
않아요. 어떻게든 최선을 다하니 실적은 나고 일은
꾸역꾸역 진행됩니다. 그 결과 매번 넷째와 여섯째
문제의 딜레마에 빠집니다.

작년에 졸업논문을 쓰면서 〈황상민의
심리상담소〉를 들었는데, 그때는 제 문제가 이토록
심각한 줄 몰랐어요. 결혼 생활이 힘들 때는
설록 황의 촌철살인을 들으며 눈물을 흘리기도

했지요. 덕분에 조금씩 주체성을 되찾을 수 있었죠.
무언가 흐릿하게 산다는 느낌에 마냥 답답하기만
했었거든요. 다른 상담 사연을 들으며 종종 무릎을
치기도 했답니다.

어쩌면 저는 과거의 잘못을 반복하는 것인지도
모릅니다. 제가 결혼한 이유는 남편의 외조를 받고
싶었기 때문이에요. 스물다섯 살 때 친정아버지가
돌아가시면서 갑자기 가장 역할을 떠안았어요.
그때 친정어머니가 저를 어린아이 취급을 하는
바람에 어머니와 사이가 썩 좋지 않았지요.
그러다 보니 저를 쫓아다니던 남성과 충동적으로
결혼을 했어요.

워낙 아버지를 존경하고 의지했던 터라 당시에는
앞날이 막막했습니다. 가정은 화목했고 악착같이
재산을 모으는 분위기는 아니었지요. 아버지가
돌아가시자 재산 관리 능력이 탁월한 남성에게
의지하게 되더라고요. 그 남자가 저를 도와주길
기대했습니다. 그가 직장에 다니면서 학업을
병행하는 제 능력을 인정해주기도 했고요. 그와
행복한 가정을 꾸릴 수 있을 거라고 생각했지요.
제가 결혼 전에 다닌 회사는 직원을 비인격적으로
대했어요. 가장 비인간적인 사람들만 퇴사하지
않고 버티는 그런 조직이었죠. 경력단절이
걱정스럽긴 했으나 저는 결혼한 뒤 과감히 사표를

냈습니다.

새로 가족이 된 시댁은 며느리를 투명인간 취급을
하는 문화더군요. 결혼 후 경제력을 비롯해 제 모든
것이 시월드에 예속되고 말았습니다. 나중에는
시어른들이 친정 재산까지 탐냈지요. 시댁에서
저는 경제관념이 없고 현실감각도 떨어지며
느리고 우유부단하다고 비웃음을 당했습니다.
한데 시간이 갈수록 그런 부당한 평가에 반박하지
못했고 점점 거기에 적응했지요. 결혼 생활이
무엇인지, 어떻게 해야 하는 것인지 아무 생각이
없었어요. 막연히 가족은 붙박이 가구나 해변의
야자수처럼 편안한 존재라고 여겼지요.
아이가 태어나자 여건은 더 악화되었습니다.
꼼짝할 수가 없었죠. 남편은 제 친구나
지인들과 모두 친해졌어요. 그러자 원래 제가
하던 사회생활을 남편이 대신 했지요. 내심
불쾌했습니다. 각자 자신의 가치관과 행동 양식을
기준으로 상대에게 조금씩 맞춰가기로 했지만
어쩌다 보니 그건 저만 지켜야 하는 규범으로
전락했지요.

어느 날부터 자살 충동이 일었고 아이도
사랑스럽지 않았습니다. 타인과 사소한 대화를
나누는 것도 어려워졌지요. 그 사태에서

벗어나고자 어떻게든 대학원을 졸업하려 했는데
남편이 덜컥 퇴사하면서 어쩔 수 없이 다시
직장 생활로 돌아가야 했어요.

저는 보고 싶은 것만 보고 아무 생각 없이
사람들과의 만남을 이어가나 봅니다. 제 욕망을
있는 그대로 긍정해주는 사람을 만난 적이 없어요.
결혼을 앞두고 있을 때는 예비 신랑이 그 나름대로
유능하고 현실감각도 뛰어나다고 판단했지요.
그런데 그 잘못된 판단의 대가를 이토록 혹독하게
치를 줄은 몰랐네요. 제가 이혼하겠다고 하자
몇몇 친구가 "네가 말하는 것만큼 배우자감에게
대단한 장점이 있는 것 같지 않았는데 네가 무척
자신만만해서 뭔가 있는 줄 알았다"라고 하더군요.
그래서인지 누구도 남편의 장점을 얘기하며 "좀
견뎌봐"라고 다독이지 않았어요. 결혼을 적극
반대한 친정어머니만 '이혼한 딸'이 남들 보기에
창피하고 또 "너에게 이혼녀 딱지를 붙일 수
없다"며 반대했습니다.

아버지의 직업은 교수였어요. 제게도 교수에 대한
로망이 있어서 박사 과정을 밟았습니다. 어쩌면
어릴 때부터 키워온 지적 허영심을 충족시키려 한
것인지도 모릅니다. 모든 교수가 다 존경스러운
것은 아니라는 것과 높은 학문적 성취를 이룬

학자가 공정한 선발 과정으로 교수가 되는 게
아니라는 것쯤은 학부 시절에 알았거든요. 제
전공이 공부 목표로 삼기에 그리 매력적인 분야도
아니에요. 박사 학위를 맹신하는 어머니를 향한
거부감도 있었고요. 교수 남편을 무얼 저렇게까지
대단하게 받드나 하는 거부감이 있었지요. 그래도
그런 부정적 감정보다 호감이 훨씬 더 컸습니다.
아이를 키우면서 직장보다 대학원에서 공부를 하면
무언가 길이 열리지 않을까 하는 기대심도 약간
있었지요. 그런데 점점 자신감이 떨어지더군요.
논문 집필도 힘들었습니다. 남편은 저를 '돈 먹는
하마'로 취급했어요. 그러다가 난데없이 남편이
회사를 그만두면서 졸업도 못하고 수료했지요.
이혼 후 저는 여러 차례 경력단절, 취미단절,
인맥단절을 겪으며 만신창이가 되고 말았어요.
그때 '뭐라도 마무리하자', '자존심을 회복할
계기로 삼아보자' 하는 심경으로 어찌어찌 졸업을
했습니다.

당신은 노력하지 않고 남에게 기대어 자존감을
챙기려 하는 어머니의 태도는 제게 늘 불만이었죠.
저는 어머니처럼 상대에게 감정이입을 해서 제
자신을 혼동하기는 싫었어요. 좋아하는 아버지나
축구선수 홍명보 씨를 보며 그처럼 멋진 사람의 딸

혹은 친구로서 당당하게 서 있고 싶었습니다.

제가 주눅이 들거나 싫은 소리를 못하는 캐릭터는
아닙니다. 어떤 때는 건방지다는 소리를 들을
만큼 제 의견을 피력하지요. 이런 저를 좋아하는
사람도 있지만 대학 시절에는 안하무인이었고
첫 직장에서는 마치 다른 세상 사람처럼 살기도
했어요.

남편과의 불화를 해결하는 과정에서 저는 남편이
원하는 것을 들어주었습니다. 그래야 사태가
진정되었으니까요. 남편에게 맞춰주며 제 의견과
감정을 확인받은 거지요. 그렇게 하대를 받으며
점점 노예가 되어갔지요.

원래 저는 '반드시 원만하게 지내야 한다'고
고집하거나 남의 눈치를 보는 성격이 아닙니다.
타인을 대놓고 냉랭하게 대한 적도 있어요. 반면
사회 생활이나 가정 생활에서 필요한 것을 요청할
때는 말을 잘 꺼내지 못합니다. 마음을 터놓기
어려운 상대에게는 낯선 사람에게보다 더 할 말을
못하지요. 그냥 외면해버립니다.

제 가장 큰 고민은 사회는 물론 가족에게도
제가 이용당하는 것은 아닌가 하는 문제입니다.
직장에서는 우여곡절 끝에 우리 팀만 독립했어요.
저와 우리 팀이 누군가의 숙주가 된 것 같은 느낌을

받았기 때문이지요. 제가 좀 더 명민했다면 팀이
정당한 대접을 받으며 일할 수 있었을 겁니다.
진정 저답게 살고 싶어요. 무엇보다 경제적,
정신적으로 여유를 찾고 싶네요. 한데 여러 가지를
신경 쓰다 보면 제 자신을 돌보지 못합니다. 일을
끝내고 집에 돌아오면 완전히 방전되어 쓰러지지요.
저는 목표를 세워 도달하는 노하우를 알면 끝까지
달려갈 수 있습니다. 지금은 목표를 세우기도
어렵고 좋은 가이드도 찾지 못하고 있어요.
좀 도와주세요.

• • •

셜록 황이 내담자에게 묻습니다.

"어떤 삶을 살고 싶었습니까?"

내담자가 입을 앙 다문 채 골똘히 생각하더니
마침내 이야기합니다.

"저는 그동안 제 자신의 문제를 중요하게 생각하지
않았어요. 다들 그렇게 살고 있는데 저만 문제를
확대해석하는 거라고 여겼지요. 제 사례가 유별난 것이
아니라고 판단하던 차에 〈황상민의 심리상담소〉를
들으면서 상태가 위중하다는 것을 깨달은 거예요.

앞날을 생각하니 갑자기 시간이 부족하다는
생각이 들었어요. 그래서 상담받을 결심을 했지요.
저는 이것저것 다 해봤지만 마지막 순간에 '어떻게

살고 싶은가?' 부분에서 항상 벽에 부딪쳤습니다. 아직
그것이 손에 잡히지 않아요.

어린 시절 저는 만화를 좋아해서 만화가를
꿈꿨습니다. 특정 직업을 동경하기도 했고요. 제가
좋아한 일본 만화가들처럼 어떤 분야의 전문적인
스토리를 만들고 싶었어요. 가령 SF라면 자연과학과
기계 작동 원리를 연구하거나 평소에 흥미가 있던 역사,
우주 분야를 많이 공부해서 만화를 그리고 싶었지요.

이 바람은 대학생이 된 후 깨졌습니다. 재능이
부족하다는 걸 인식했거든요. 제게는 상상력도
부족하고 이야기를 풀어내는 재주도 없었어요. 그래서
그것은 예술가에게 맡기고 그저 마니아로 남기로
했지요. 그냥 평범하게 직장 생활이나 하자며 체념한
겁니다.

저는 어렵지 않게 취업했고 남들처럼 늦지 않게
결혼도 했어요. 친구들은 제게 뭘 그리 복잡하게
생각하느냐며 무난하게 월급이나 받으면서 살라고
했지요. 그런데 저는 그런 삶이 답답했어요. 남들처럼
살다 보니 어느 순간 제가 남에게 맞춰주고 있다는
생각이 들었던 겁니다. 그러느라 늘 희생당하는 것 같고
상대가 제 기를 빨아들이는 듯한 느낌을 받았지요.
무언가가 잘못되었다는 생각도 들었고요.

제가 답을 원하는 질문은 이것입니다.

'앞으로 어떻게 살아야 하는가?'

그 답을 찾지 못하면 저는 앞으로도 그럭저럭
돈을 벌면서 답답하고 손해를 보는 느낌에 젖어 다른
사람에게 맞춰주며 살아갈 거예요. 한 번뿐인 인생인데
평생 이렇게 살아야 할까요?"

긴 이야기를 듣고는 셜록 황이 삼촌 미소를 지으며
말합니다.

"우선 마음을 편하게 먹으세요."

내담자의 긴장한 어깨가 조금 누그러지는 모습이
포착됩니다. 셜록 황이 말을 이어갑니다.

"그리고 나서 자신에게 정말로 중요한 걸 찾는 데
몰두해야 합니다."

내담자의 늘어뜨린 어깨가 조금 들썩입니다.

"제가 언제부터 이렇게 바보가 되었는지
모르겠어요. 문젯거리가 무엇인지 감도 오지 않네요.
어느 부분에서 불쾌감을 표현해야 하는지 분명하게
구별하기도 어렵습니다. 거부감이 들어도 논리적으로
명료하게 주장하지 못해요. 문제 지점을 포착하기도
어렵고 문제의 초점이 어디인지도 찾기 힘듭니다. 제가
진정 어떤 사람인지 더는 성찰하고 싶지 않고 남에게
맞춰주며 사는 게 낫겠다고 마음먹은 순간부터 이렇게
변한 것 같아요."

• • •

내담자의 머릿속에 첫 직장 생활을 하며 결혼한

무렵의 기억이 떠오릅니다. 상대방을 만족시키면
웬만큼 편하게 지낼 수 있을 거라는 환상이 결혼으로
이어졌고 남편이나 시댁과의 관계에서도 이런 기조를
계속 이어갔겠죠. 이분은 왜 그런 착각을 하게
되었을까요?

"저는 본래 갈등을 회피하는 사람이 아니었어요.
회사에 다니면서 변한 것 같아요. 제 상사는 사장의
사위였죠. 저는 낙하산으로 들어온 그 상사와 잘
지내지 못했고요. 사장의 가족에게 미움을 받았으니
회사 생활이 즐겁지는 않았습니다. 상사는 자신이
사장의 사위라는 점을 늘 강조했어요. 유능한 상관은
아니었고 감정적으로 예민한 편이어서 함께 일하기에
편한 스타일도 아니었죠.

저는 평소에 잘 먹으면서도 몸매 관리를 잘하는
사람을 남녀를 불문하고 좋아했어요. 한번은 제가
칭찬이라고 생각해 상사에게 날씬해서 부럽다고 했더니
버럭 화를 내더군요. 그 상사에게 마른 몸 콤플렉스가
있었던 거지요.

이런 식으로 상사와 사소한 부분부터 삐걱거리자
그 예민한 상사의 눈치를 보게 되더군요. 사실 제가
그런 쪽으로는 소질이 없어요. 그런데 궁하면 통한다고
처음에 어설프던 비위 맞추는 실력이 점차 늘어났지요.
결혼한 후에는 더욱더 상사의 눈치를 봤어요. 퇴근
준비를 하면 "신혼이라고 일찍 집에 가느냐?"고

빈정거리더군요. 임신을 하자 더는 날카롭게
잔소리하는 상사를 견딜 수가 없었습니다. 더구나
태교에 좋을 리 없다는 생각이 들어 결국 퇴사했죠.

회사를 그만두고 본격적으로 가정주부 모드로
돌입했는데 막상 해보니 만만치 않았지요. 그나마
직장에 다닐 때는 시댁 행사를 포함해 시월드의 간섭을
받지 않았으나 집에 있으니 핑계거리가 없었습니다.
그걸 대수롭지 않게 받아들이려 했지만 갈수록 큰
부담으로 다가오더군요.

남편과의 대화가 어긋나는 것도 난제였어요. 대화의
끝은 언제나 고성과 남편의 가출이었지요. 생전 큰
소리를 내며 싸워본 적이 없던 저는 반복되는 다툼이
지긋지긋해서 어지간하면 남편에게 네, 네 했어요.
갈등으로부터 도망친 것이죠."

· · ·

셜록 황은 이분의 WPI 프로파일을 보더니
탄식했습니다. 어디서부터 어떻게 이분의 참된
마음을 찾아야 할지 고민스러웠던 겁니다. 이분은
리얼리스트인데도 트러스트가 높습니다. 데이터에
따르면 이런 프로파일을 보이는 여성은 과거에
로맨티시스트였을 확률이 높죠. 게다가 휴머니스트
기질이 있고 아이디얼리스트는 바닥이에요. 이것은
로맨티시스트보다 좀 더 강한 사람이었다는 뜻이죠.

이분은 현실 속 WPI 프로파일과 달리 에이전트와 아이디얼리스트로 살기를 꿈꿉니다. 그렇다면 에이전트와 아이디얼리스트가 높은 사람은 어떤 사람일까요? 그 사람은 자기 스타일이 뚜렷하고 자신이 잘났다는 것을 충분히 인지하고 있을 가능성이 높아요. 타인이 뭐라고 떠들든 하고 싶은 일을 하며 사는 데 거리낌이 없지요.

또 에이전트와 아이디얼리스트가 둘 다 있는 부류는 평판 따위에 신경 쓰지 않아요. 일단 과제를 설정하면 한눈팔지 않고 직진하지요. 물론 일을 하면서 많이 고뇌하기도 합니다. 남들이 보기에 '쟤는 왜 저러나' 싶은 짓을 하면서도 팔자로 여기고 기꺼이 몰입하는 유형이지요.

이들에게는 타인의 조언이 여간해서 먹히지 않아요. 몸소 부딪치며 가시밭길을 개척하는 유형이거든요. 한마디로 이분은 리얼리스트로 살고는 있지만 현실과 이상이 서로 반대입니다.

현재의 삶은 이분의 진짜 모습이 아닙니다. 원하는 것과 정반대로 살고 있어요. 왜 굳이 그렇게 사느냐고 물으면 '자신의 역할과 책임을 다해야 한다'는 당위적인 답변을 할 겁니다. 남들 앞에서 주눅 들지 않고 번듯한 사람이고 싶다는 욕심도 있겠죠. 하지만 구체적인 전략과 방향이 불명확해요. 누군가에게 "그리 잘난

것도 없는데 잘난 척하긴" 하는 소리를 듣거나 자신의
진심을 털어놓았다가 "대체 어쩌라는 것이냐"는
부정적인 피드백을 받을 수도 있습니다.

현재 내담자가 겪는 어려움이 여기에서 비롯되고
있어요. 자신의 기본 성질을 잘 보존하지 못하고
날려버렸으니까요. 자기 길을 찾지 못해 헤매고 있는
겁니다.

지금 이분에게 가장 중요한 것은 '어떻게 돈을 벌
것인가' 같은 현실적인 사안입니다. 리얼리스트의
삶을 구현하려 강하게 노력하는 중이니까요. 장차
무얼 해야 하나, 어떻게 해야 잘 살 수 있을까 같은
근심이 있으면서도 '가만히 있으라'는 명령을 따르며
가정주부나 회사원으로서 주어진 소임만 다하면
된다고 믿고 있지요. 뭐, 그렇게 살아도 그리 나쁘지는
않아요.

문제는 이분이 일을 하면서 무언가 추구하고 싶은
욕망이 일어날 때 발생합니다. 이분의 WPI 프로파일은
전형적인 가정주부 그래프지만 이것은 타고난 성향과
큰 차이가 있어요.

• • •

내담자는 셜록 황의 설명을 들으며 한숨을
쉬었습니다.

"아이가 초등학교 저학년 때 어려움이 있었어요.

또래보다 성장이 늦다 싶어 전문가를 찾아갔더니
아이보다 제 문제를 지적하더군요. 콕 집어 엄마가
불안해보인다는 지적을 받았는데 처음에는 싹
무시했지요. 그런데 병원을 세 군데나 옮겨 다녀도
모두들 저를 지목하자 검토해봐야겠다는 생각이
들더군요. 이혼 후 병원을 찾아갔습니다. 병원에
가보라는 주위의 권유를 받아들인 데는 그만한 사정이
있었지요. 직장에서 편한 사람들과 잘 지내다가도
갑자기 껄끄럽거나 불편한 상황에 놓이면 눈물이
왈칵 쏟아졌거든요. 그 정도로 절박한 것도 아닌데
왜 그러나 싶어 병원을 찾아간 겁니다.

1년 정도 치료를 받은 뒤 다시 친구들을 만났는데
스스로 느끼기에도 전보다 나아진 듯했지요. 그 효력이
3년쯤 가더군요. 남들이 보기에는 멀쩡해도 사실 혼자
술을 마시고 걱정과 상념에 빠지는 시간이 늘었거든요.
그런 패턴에서 벗어난 게 3년쯤 전이네요.

한창 삽질을 할 때는 반복해서 악몽을 꾸었습니다.
남자들은 다시 입대하는 것이 최고의 흉몽이라던데
저는 고등학교로 돌아가는 끔찍한 꿈을 꾸었지요.
요즘에는 종류가 살짝 바뀌었습니다. 조금만 피곤해도
전 남편과 사는 꿈을 꿉니다. 제가 좀 편해진 지는 얼마
되지 않았어요."

내담자는 기본적으로 가정주부 모드에 주파수가

맞춰져 있어요. 그건 자신이 바라던 삶이 아닐 겁니다. 개성이 강한 사람은 보통 고등학교 시절을 보내며 고통을 겪어요. 규범적인 틀, 부당한 환경, 권위적인 인간관계를 견디지 못하고 반발하다가 번민에 휩싸이지요.

한데 이분은 자발적으로 결혼에 투신해 시월드나 남편과의 관계에서 일반적인 통념을 그대로 수용했어요. 훨씬 더 전문적인 자기 영역을 구축할 수 있었는데도 말이죠. 내담자가 말합니다.

"돌이켜보면 저는 파파걸이었어요. 아버지를 많이 따랐지요. 아버지와 사이가 돈독했고 어머니와는 친하지 않았습니다. 어머니는 안중에도 없었죠. 상의할 일이 생기면 항상 아버지와 의논했는데 그 든든한 기둥이 갑자기 세상을 떠난 거예요. 제가 사회 초년생이었을 때 아버지가 투병 생활에 들어갔어요. 의사들은 환자 보호자인 어머니와 상의했고 당시 50대인 어머니는 저를 붙잡고 시시콜콜 하소연했지요. 아버지가 얼마 살지 못할 것 같은데 어쩌면 좋겠냐는 것까지요. 어머니도 남편만 바라보고 사셨기에 그 상황을 감당하기 어려웠나 봅니다. 저는 나약한 어머니에게 실망했지요.

마침 저를 쫓아다니던 남자가 있었고 그에게 많이 의지했습니다. 제 가족은 경제관념이 부족했으나 그 남자와 그의 가족은 그런 부분에 밝았어요. 그래서

많은 도움을 받았지요. 그것이 결혼을 결심한 결정적
동기예요. 어머니는 심하게 반대했습니다. 그 남자와
만나는 것 자체를 싫어했죠. 도움을 받는 것조차
마뜩치 않아 했어요. 조력은 고마운 일이나 결혼은
그와 별개라는 게 어머니의 주장이었지요. 저는 그 정도
생활력이면 처자식은 충분히 먹여 살릴 것이라고
단언했고요. 한마디로 패착이었죠."

· · ·

지금 이분의 고민은 내담자가 가정주부 모드에서
전문가 모드로 바뀌고 싶은 욕망을 드러내는
과정입니다. 이제부터 이 욕망을 실현하기 위해 애써야
합니다.

어떻게 하면 프로가 될 수 있을까? 지금 하는
일에서 나를 어떤 식으로 표현해야 하는가?

우선 이분은 번역 일을 주로 한다고 합니다.
이 일부터 따져봅시다. 이분은 소규모 번역 에이전시에서
근무했고 지금은 다니던 회사에서 독립한 상태입니다.
독립했으니 일감이 필요하고 여기에는 영업이 따라야
하지요. 앞길이 좀 막막할 수도 있어요.

전 사장이 빌려간 돈을 갚지 않는 것도 큰
문제입니다. 독립해서 팀을 운영해야 하는데 그 돈이
없으면 망한다는 메시지를 사장에게 확실히 어필하세요.

그 돈은 무슨 수를 써서라도 받아야 합니다. 직접 하지 못하겠다면 대리인이라도 고용해야지요.

그리고 죽을 때까지 두 번 다시 돈은 빌려주지 않는다는 규칙을 세우세요. 이것은 아주 중요합니다. 돈은 은행에서 빌려야 합니다. 개인 간의 거래는 금물이에요. 비록 은행이 깐깐하긴 하지만 아무리 급해도 은행 외에 개인에게 돈을 빌려서는 안 됩니다. 빌려주는 것도 마찬가지고요. 누군가가 돈을 빌려달라고 애원하면 그 사람이 은행을 이용하도록 권하는 게 맞아요. 자신이 빌려줄 수 있다는 사고방식 자체를 버려야 하지요.

어떤 상황에서든 중심을 잘 잡아야 합니다. 중심을 잡지 않으면 무얼 하고 있는지, 무엇을 할 수 있는지에 초점을 맞출 수 없어요. 그러면 영업에 대한 강박에 시달리고 그 강박증이 일을 못하게 만듭니다. 가장 좋은 방법은 거래처가 스스로 찾아오게 하는 겁니다. 내담자가 찾아가 마치 물건을 파는 것처럼 머리를 조아리며 부탁하는 영업은 머릿속에서 아예 지워버리세요. 그동안 함께 일한 사람들에게 특별한 건수가 없느냐고 문의하는 것 정도는 괜찮아요.

핵심은 기존의 클라이언트에게 입소문이 나서 저절로 누군가에게 소개해주고 싶도록 만드는 데 있어요. 직접 거래처를 뚫겠다는 계획은

폐기처분하세요. 전 사장의 영향력에서 벗어나고자
기존의 클라이언트와도 인연을 끊고 싶은 심정은
이해가 가지만 그건 큰일 날 일입니다. 전 사장이 같은
업계에 얼마나 있을지 몰라도 그 역시 영업을 방해할
수는 없어요.

그리고 빌려준 돈은 즉시 받아내세요. 이것은
상대방의 기분을 상하게 하는 것과는 무관합니다.
번역 회사는 어차피 클라이언트가 일감을 주느냐
아니냐에 달려 있잖아요. 몇 번 잘해내면 지속적으로
일감을 받을 겁니다.

• • •

친정어머니와 관련된 고민은 혼자 해결할 수 있는
게 아니에요. 일단 이분은 자기 문제를 해결하는 게
급선무예요. 물론 어머니를 만날 때마다 속상하고
찜찜한 기분이 드는 게 힘들 순 있겠지요.

내담자는 어머니를 로맨티시스트 성향으로
추측하는데 어머니는 아마 토라진 상태일 겁니다.
그것이 모녀 관계가 어긋난 원인이지요.

아무리 애를 써도 어머니는 왕년의 안정적이고
평온하던 생활로 돌아가지 못해요. 그 어색함은
어머니가 딸을 뿌듯해하기 전까지 이어질 거예요.
어머니가 이런저런 불평을 늘어놓으면 한 귀로 듣고
한 귀로 흘리는 것 말고는 할 수 있는 게 없어요.

모녀 관계에서 섭섭한 것은 어쩔 수 없는 일이지요.

셋째와 넷째 과제는 이분이 처한 현실과 맥이
다릅니다. 이분은 지금 미래 계획을 세우기보다 현재
살아남기 위해 닥치는 대로 일해야 합니다. 관건은
이분이 독립에 성공하는 데 있어요. 함께 일하는
팀원들에게 그 마음을 대놓고 표출하세요. 사업의
지속가능성을 위해 당분간은 매달 전투에 임하는
자세로 임해야 합니다.

이것만으로도 충분해요. 6개월 후까지 살아남으면
지속할 수 있을지 없을지 저절로 압니다. 또 그 일을
더 잘해낼 차별성과 특색을 발견하게 되겠죠. 이것이
숙제입니다.

지금까지 자신의 특성, 타인과의 구별 지점을
제대로 활용하지 못한 것이 문제였어요. 원하는 것을
어렴풋이 상상하고 구체적으로 실천할라치면 스펙을
따졌거든요. SF 만화가를 포기한 것이 대표적인
사례입니다.

'만화를 그리려면 이러이러한 조건을 갖춰야 하는데
내겐 없으니 안 되겠군. 다른 것을 해야겠다.'

이런 식으로 사고하면 바라는 것을 결코 이룰 수
없어요. 미친 듯이 그리다 보면 만화가가 되어 있을
텐데 무언가 더 번듯한 것을 뒤지다가 슬그머니 그만둔

것이지요. 결국 자신이 하고 싶던 만화와 상관이 없는
일을 하고 있네요.

이분의 전공, 심지어 박사 과정도 진짜 하고 싶은
것과 관계없는 분야죠. 아마 박사 학위를 취득하면
특별한 일이 생기고 근사한 무언가를 하게 되리라고
믿었을 겁니다. 지금의 현실은 진심으로 몰입할 일을
찾기 힘든 상황이에요. 열심히 하고는 있는데 성장
가능성이 불투명하고 미래로 가는 청사진이 그려지지
않거든요. '이게 뭐지?'라는 의문이 떠오를 시점입니다.

• • •

왜 주변 사람들이 이분에게 충고하지 못해 안달인
걸까요? 그건 이분이 조언을 바란다고 생각하기
때문이에요. 이것은 꼭 물어야 할 사람이 아니라
아무에게나 물어봤다는 뜻입니다. 누구에게 무엇을
묻고 있는지 의식하지 못한 채 말이지요. 불안하니까
되는 대로 질문을 던진 겁니다.

타인의 눈치를 보는 것도 같은 맥락이에요.
내 문제를 남에게 물으면 정답을 알 수 있을 거라고
기대하는 거지요. 감나무 아래에서 입을 벌리고 누워
감이 떨어지길 고대하고 있던 셈이에요.

이분은 자신의 소신과 행동에 자신감이 있음을
뚜렷이 표현하지 못해요. 일상에서 잘 꾸려가는 자신을

기특해하는 동시에 '나는 잘 못해'라는 자책도 하고
있기 때문이지요. 이는 정말로 자신감이 없는 것과는
다릅니다. 진짜 자신감이 없는 사람은 가만히 있어요.
무얼 묻지도 않고 아무것도 하지 않지요.

　하지만 이분은 계속 묻고 있어요. 상식적이고
통념적인 물음이니 빤한 답이 나올 것임을 알면서도
질문을 합니다. 이것은 자신이 상식적이고 통념적인
틀에 맞게 살고 있는지 점검받고 싶은 심리입니다.

　전 남편이 이재에 밝다고 했죠? 당시에는 '이재에
밝은 사람이 구원해줄 것'이라는 신념이 있었던 겁니다.
이재에 밝은 것은 실제로 문제를 어떻게 처리하는지와
무관합니다. 한마디로 자신이 정말로 원하는 것이
무엇인지 정확히 몰랐던 거지요. 직장에 다니면서 다른
방식의 삶에 무심했고 남들처럼 보편적인 삶에 맞춰야
한다는 생각 외에 다른 관점과 시선을 가져본 적이
없어서 그럽니다.

　누군가가 이분에게 자꾸만 충고하는 것은 과거에
이분이 그 충고를 듣고 싶어 했고 또 잘 듣는 것처럼
보였기 때문이에요. 사실 이분은 남의 충고를 신중하게
받아들이지 않고 흘려들어요. 리얼리스트로 살면서
대충 들은 누군가의 조언에 따르는 형국이지요.

• • •

더 이상 들으나 마나 한 조언 따위를 듣지 않으려면
어떻게 하는 것이 좋을까요? 먼저 자신이 어떤
사람인지, 어떻게 살아야 하는지 알아야 합니다. 이것이
첫 번째 해법이지요.

몇 명의 직원으로 에이전시를 시작하는 것이
좋은가? 1년 매출을 얼마나 올려야 하는가? 고객에게
어떤 서비스를 제공하는 것이 좋은가? 신규 고객은
어떻게 발굴해야 하는가? 향후 새로운 목표를 어느
방향으로 세울 것인가?

이런 질문을 하면 원하는 조언을 들을 겁니다.
관련 분야 선배들에게 신규 고객을 어떻게 만났는지
물어보고 실제 사례를 배우세요. 이것이 본인의 특성에
맞는 영업 노하우를 개발하는 길입니다.

전 회사 사장의 영업은 휴머니스트 방식인데 그건
이분에게 맞지 않아요. 자기만의 특화된 영역, 주제,
분야를 정하되 그에 앞서 강점을 확인해야 합니다.
자신의 직관과 능력을 응용할 부문을 선택하고
그곳에서 활약 중인 전문가에게 질문하세요. 이것은
당장 해야 합니다. 실적을 기반으로 사업을 하고 싶다면
비중을 따져 독특하면서도 잘할 수 있는 것으로 승부를
걸어야지요.

오랫동안 영상 번역을 해온 내담자는 영어와 일본어

자막에 강점이 있답니다. 주로 외국 시장에 내놓는 한류 영상 자료를 작업했다는군요. 드라마, 영화를 비롯해 한국 광고를 외국에 소개하는 일과 케이팝 뮤직비디오 번역 작업을 했다네요.

자기 업무를 특화할 아이디어를 내보는 건 어떨까요? 국내에 더 필요한 서비스를 검색해보는 것도 좋은 방법이에요. 예를 들면 정부 홍보물이나 홈페이지에 우리나라를 외국어로 잘못 소개한 내용이 있으면 수정안을 제안하는 거지요. 대한민국 정부가 일본이나 미국에 한국을 어떻게 홍보하는지 조사해 부족한 부분을 이슈화하는 활동도 가능하고요. 그러다 보면 정부 프로젝트를 받거나 틈새 시장을 발견할 수 있지 않을까요?

그동안 가정주부로 지내온 내담자는 아직 그 모드에 익숙해져 있어요. 이제 에이전시를 경영하려면 훌륭한 지지자를 확보해야 합니다. 그래야 매출이 늘어요. 이분은 돈을 벌고 싶은 욕심은 있어도 소득 재창출을 고민해본 적은 없는 상황입니다. 이젠 적어도 현재 수익의 다섯 배, 열 배를 목표로 삼아야 해요. 그래야 차별성 있는 사업을 한다는 자긍심이 생기지요. 그때까지는 무작정 앞으로 돌진하는 자세가 필요합니다.

6개월 안에 매출을 최소 두 배 이상 올리는 것이 좋아요. 그렇지 않으면 죽는다는 자세로 임하세요.

1년 안에는 적게 잡아도 세 배는 되어야 하고요. 목표
달성 여부가 잘 살고 있는지 확인하는 성적표입니다.
거래처와의 관계에서 갈등이 생겼을 때 부당함을
따지지 못하는 것과 타인의 지시, 부탁, 충고 등을
거절하지 못하는 것은 리얼리스트로 사느라 겪는
불편함입니다.

　　최선을 다하는데 만족스럽지 않은 까닭은
이분이 자신의 기본 성향과 다른 리얼리스트로 살기
때문이에요. 어떻게든 일을 만들고 실적을 내는
것은 리얼리스트의 길이 아니지요. 이분은 내면의
에이전트와 아이디얼리스트를 일깨울 때 '진짜 나'에게
다가갈 수 있습니다.

5

빛과 소금 · · · · · · · · · · ·

어떻게 제 진로를 찾아야 하나요

이번엔 고등학교 2학년 남학생이 진로 상담을 요청했네요. 고등학교 2학년이면 한창 고민이 많을 시기지만 그 고민을 툭 터놓고 상담을 요청하는 경우는 많지 않습니다. 그럼 착실하게 자기 할 일을 잘하는 이 학생에게 어떤 고민이 있는지 들어볼까요?

안녕하세요? 저는 올해 열여덟 살로 고등학교 2학년 남학생입니다. 요즘 제가 가장 고민하는 것은 진로 문제입니다. 작년 여름방학 때 진로 탐색 캠프에 참가했지만 여전히 혼란을 겪고 있습니다. 제게 어떤 종류의 직업군이 어울릴지 잘 모르겠어요. 솔직히 막막합니다. 친구들이 하나씩 꿈을 향해 전력 질주하는 모습을 보면 초조해지기도 하고요. 당장 무얼 해야 할지 몰라서 무작정 공부를 하고 있습니다. 그렇다고 제 성적이 나중에라도 '이걸 해야겠다' 하고 결정하면 아무것이나 시도할 수 있는 수준도 아닙니다. 학교에서 장래희망을 제출하라고 하거나 진로 관련 교내 활동을 할 때면 머리가 지끈거리고 눈앞이 어질어질합니다.

친구들은 목표를 정해 그것에 맞춰 공부하는 것 같아요. 다들 열심히 노력하는 눈치고요. 학생생활기록부(이하 생기부)에 무언가 잔뜩 기록을 하던데 저는 지금껏 장래희망은 고사하고 어느

방면의 직업이 제게 맞는지도 잘 모르고 있습니다.
꿈을 하나 정한 뒤 '나는 이것만 해야지', '이것이
아니면 안 돼'까지는 아니어도 무얼 좋아하는지
정도는 알아야 할 것 같은데 솔직히 잘 모르겠어요.
한 번도 진지하게 생각해본 적 없던 주제에
파고드니 그저 어렵기만 합니다.

그러던 중 어느 날 셜록 황의 상담 방송에서 이런
말을 들었지요.
"꿈이나 장래희망 따위는 없다. 하다 보니 잘하게
되어서 그냥 하는 거다."
그 의견에 따르면 제 질문이 좀 멍청하게
느껴집니다. 셜록 황의 견해를 듣고 나서 더
혼란스러워졌어요. 학교에서는 자꾸만 꿈을
가지라고 하거든요. 물론 그 이유는 순전히 대학에
넣을 원서 작성을 위한 짓입니다. 그게 뭐 하는
짓인가 싶기도 해요.
"요즘 애들에겐 꿈이 없어"라고 지껄이는 꼰대들을
보면 짜증이 나기도 합니다. 하지만 어느새
꿈을 가져야 한다는 충고에 익숙해졌네요. 뭔가
대단하고 선명한 목적을 설정해야 할 것 같아
답답합니다.
셜록 황의 말씀대로 아무 일이나 시작하려 해도
최소한 무얼 좋아하는지는 알아야 하잖아요.

저는 문과가 적성에 맞지만 요즘에는 기술이
있어야 나중에 먹고살 수 있는 게 아닌가 싶어요.
좋아하는 게 아예 없는 것도 아닙니다.
책 읽는 것과 농구를 좋아해요. 무얼 좋아하는지
모르겠다고 한 것은 이것이 직업과 무관해
보이기 때문입니다. 좋아하는 것만 하고 살 수는
없으니까요.
그러고 보니 스스로 무엇을 좋아하는지, 무얼 잘할
수 있을지 애써 찾아본 적도 없네요. 저는 어쩌면
좋을까요?
작년에 WPI 검사를 했을 때는 로맨티시스트로
나왔는데 이번에는 리얼리스트로 바뀌었어요.
저는 진짜 어떤 사람인가요? 진로와 관련해 해답을
얻도록 도와주세요.

2학년이 되자 1학년 때보다 중압감이 더 커졌고
무언가 선택해야 한다는 압박을 받고 있어요.
부모님도 이젠 정할 때가 되었다고 하고 담임선생님도
2학년이 되었으니 진지하게 미래를 설계하라는
조언을 하시고요. 진로 결정을 유보하면 생기부에
기재하는 내용에도 차질이 생기고 아무래도 다른
아이들과 차이가 날 수 있다는 거지요. 고1 때부터
주위에서 자꾸 그런 말을 하니까 진로 고민을
전혀 안 한 것은 아니지만 어떻게 해야 할지 잘

모르겠어요. 영어와 국어를 좋아해 문과를 택하긴
했어도 무얼 좋아하는지, 어떤 직업을 선택해야
하는지, 무얼 잘할 수 있을지 갈팡질팡하고
있습니다.

참으로 개탄스러운 현실이네요. 고등학생에게
미래 직업을 정하라니요. 그것도 대학 진학, 아니 대학
입시를 위한 생기부에 기재하느라 말이죠. 학생들이
대학에 가는 목적이 오로지 취업에 있나요? 그렇다면
진로 지도라는 명목으로 고등학생 때 직업을 선정하는
강박에 시달리게 하는 세태가 이해가 갑니다.

대한민국 고등학생은 대학입시를 준비하면서 아직
입학도 하지 않을 대학을 졸업한 이후의 취업까지
고려하는데 이것이 정상은 아닙니다. 직업 선택은
매우 중요한 일이지만 그렇다고 대학 진학과 직업
선택 사이에 반드시 연관성이 있어야 하는 건 아니죠.
우리가 태어나면 필연적으로 죽는다고 해서 죽기 위해
태어나는 것은 아니잖아요.

언제부터 대한민국 청소년들이 미래의 꿈이라는
미명 아래 고등학교 때 평생 직업을 결정해야 하는
압박에 시달리게 되었을까요? 통상적으로 자신이 어떤
사람인지는 사회적으로 정해진 역할, 즉 직업과 직장
구성원으로 표현합니다. '자기 찾기'를 어떤 일을 하는

사람인가, 어떤 직업이나 위치에 속한 사람인가와 동일시하는 거지요. 이 때문에 리얼리스트로 살아가는 한국인은 심리적 혼란을 겪습니다.

리얼리스트의 자기 찾기는 '참나'가 아닌 사회 속에서 누군가가 알려준 '나 자신'을 뜻합니다. 누군가가 시키는 것은 잘해도 일을 직접 찾아서 해야 한다면 '누가 좀 명확히 정해주지', '왜 내게 물어봐? 차라리 무얼 하라고 시키면 잘할 텐데' 하는 심정이지요.

• • •

다시 상담으로 돌아가서 이 리얼리스트 학생은 '나는 진짜 어떤 사람인지' 알고 싶어 합니다. 아니, 자신의 진짜 마음을 못 보고 있는데 누군가가 그의 심중을 해석해주면서 진짜 나를 찾도록 하면 도움이 될까요?

셜록 황은 누군가의 의견을 막연히 내 것으로 삼으려 하는 이 학생의 입장에 서서 '자신이 좋아하는 것을 하라'는 속설을 살펴보았습니다.

"좋아하는 것, 그중에서도 언제 내가 이것은 정말 잘하는구나 하는 느낌을 받나요?"

"친구들과 농구를 할 때요. 결정적인 순간 친구들이 제게 슛을 맡길 때지요."

누군가가 자신에게 중요한 것을 맡겼을 때, 스스로 잘한다고 느낀다는 것은 자기 가치가 다른 사람에게 달려 있음을 의미합니다. 이 학생은 새로운 것을 직접 찾기보다 "이거 한번 해보는 게 어때?"라는 요청이 있을 때 "제가 할게요" 하는 것을 훨씬 더 좋아하는 유형이네요.

자신이 어떤 사람인지 알려는 것도 이와 비슷할 거예요. 즉, 누군가가 '너는 어떤 사람이다'라고 단정하면 "네, 저는 그런 사람입니다" 하며 받아들일 겁니다. 이 학생이 '진짜 나'를 알고 싶어 하는 것은 어딘가에 분명 있다고 믿는 정답을 찾는 심정인지도 모릅니다. 진로 고민도 이와 다르지 않고요. 이 학생은 셜록 황이 '너는 이것을 해'라고 결정해주기를 바라고 찾아왔을 수도 있겠네요. 이럴 때 셜록 황은 어떤 말을 해줄까요?

누군가가 정해준 과제를 수행할 때 자신의 존재감을 느낀다면 이 학생이 구하려는 정답은 '너는 이렇게 하면 된다'일 것입니다. 이처럼 타인에게 부여받은 삶의 방식을 이 학생은 잘 실천할 수 있을까요? 혹시 갈등이 생기지 않을까요? W-Tbot은 이것이 몹시 궁금합니다.

리얼리스트는 '무얼 어떻게 해야 할지 모르는 상황'을 가장 괴로워합니다. 이럴 땐 가능한 한 남들과 비슷하게 하는 것이 답입니다. 혹시라도 남들과 다른 것을 해야 한다면 대혼란을 겪지요.

리얼리스트에게는 '상식'이 마치 정답처럼 작동해요.
이 학생도 '정해진 대로 하는 타입'인 것은 분명합니다.
누구나 하는 방법으로 사는 것이 한결 편하거든요.
꾸준히 노력하는 것이 명답이고 여기에 고뇌는 없어요.

이 학생에게 "너만의 길을 찾아 창조적인 방도를
고민해봐"라는 충고는 위협이나 다름없습니다. 그럴
때는 놀라서 어찌할 바를 몰라 하며 의기소침해질
겁니다. 아직 경험하지 않은 미래의 진로 고민은 이런
고통을 안겨주지요.

• • •

"학생, 자기소개를 한번 해보세요."

"성적은 반에서 중상위권이고요. 저를 소개한다면
정직한 사람, 재미는 없지만 인간성이 좋은 사람 정도?
잘 모르겠어요."

이 학생, 한마디로 겸손하네요. '잘 모르겠다'는
말은 더 이상 자신을 내세우는 것이 쑥스럽다는
뜻이지요. 사실 '나'란 인간은 타인이 자연스럽게
알아주는 대상이지 광고하듯 손수 묘사하는 대상이
아닙니다. 아마 맡은 일을 책임을 다해 완수하는 사람,
주어진 소임을 잘 수행하는 사람, 규칙을 스스로
정하기보다 세상의 표준에 맞추는 사람으로 자신을

표현하고 싶을 겁니다. 선생님들이 흔히 생기부에 기록하는 '책임감 있고 맡은 바 임무를 성실히 잘 수행한다'는 문장에 걸맞게 말이죠.

"학생, 그럼 학생 같은 유형에게는 어떤 일이 잘 어울릴까요? 어떤 직업에 종사해야 그 인격이 장점으로 드러날까요?"

셜록 황이 묻자 이 학생, 잠깐 머뭇거리더니 자신 있게 대답합니다.

"공무원이요."

"그렇죠? 공무원은 리얼리스트의 대표적인 직종이에요."

정해진 대로 또 시키는 대로 조직에서 일하는 사람들, 누군가를 모시며 그들의 명령과 지시에 충실히 따르는 사람들이 공무원입니다. 그와 비슷한 직업으로 군인, 대기업 사원이 있지요. 전문직으로 알려진 의사, 변호사, 교사에게도 이런 특성이 뚜렷이 나타납니다.

농구를 좋아하고 건강한 신체 조건을 갖춘 대한민국 남성이면 누구나 이들 직업이 자신의 강점에 부합한다는 것을 쉽게 알아채지요. 그런데 씩씩하게 대답한 학생의 표정이 밝지 않네요. 뭐가 잘못되었을까요? 저 W-Tbot이 학생의 머릿속을 빠르게 스캔해보니 이렇게 속엣말을 하네요.

'장래 직업, 진로, 희망을 물을 때도 진지하고 성의 있게 하는 것이 제 특징입니다. 올바른 품성을 바탕으로 가급적 착한 사람이라는 틀 속에 맞추고 싶어요.'

바로 이러한 성품을 갖춘 사람들이 리얼리스트로 살아갑니다.

무엇보다 이 학생은 관계 맺기에 신경을 씁니다. 사람들에게 자신을 착하고 성실한 사람으로 보이고 싶어 하거든요.

안정된 삶을 추구하고 미래를 준비하는 리얼리스트 성향의 어른들은 아이들에게 자신이 바라는 올바른 삶과 멋진 인생 방식을 권합니다. 내일의 희망을 대학 진학 조건에 맞추도록 강요하는 거지요. 가령 수능과 수시 전형을 구실 삼아 각기 개성이 다른 학생들에게 생기부, 특별전형 등 다양한 선발 기준을 획일적으로 제시합니다. 이처럼 '이렇게 살아야 한다'는 규범은 외부의 시선에 따른 인정이지요. 구체적으로는 사회적 지위나 직책이지만 '직업'이라는 명분으로 척도를 부여하는 것입니다.

고등학교 2학년이 일생을 걸 직업을 미리 선택하는 것은 평생 재미없게 살 준비를 하는 셈이에요. '나'라는 청소년이 어떤 어른으로 자랄지 모든 가능성을 사전에 제거하는 행위니까요. 정해진 목표를 향해 나아가는

것은 안정적으로 보이지만 실은 변화 기회를 스스로
포기하는 태도입니다. 인생의 끝을 먼저 보는 것과
다르지 않지요.

· · ·

리얼리스트는 평온하고 명백한 결과를 간절히
바라면서 결심한 대로 나아가는 것이 옳다고
확신합니다. 이들에게 삶의 목표나 꿈은 명약관화한
결론의 또 다른 이름이지요. 이것이 안정적인 미래,
행복한 삶을 보장해준다고 신봉해요. 그걸 현실적으로
말한다면 돈을 최고로 보는 거죠. 미래는 시시각각
변화하기에 족쇄를 채운 삶을 더 평화롭다고 믿는
심리입니다.

리얼리스트가 진로를 고민하면서 어려움을 느끼는
까닭은 그 미래를 스스로 찾고 만들 수 있다는 자각이
없어서입니다. 리얼리스트는 주변 사람과의 관계에서
자신을 좋은 사람으로 여길 때 긍정적인 피드백을
받지요. 다만 누구와 연결고리를 맺어야 할지, 어떤
인연이 좋은지 주체적으로 판단하지 못해요. 자기
인생인데도 자신의 것으로 생각하기 힘들거든요.
여기서 관계의 문제가 시작됩니다.

현재 이 학생의 심리 상태는 주변 사람이 좌우해요.
그들과 맺는 인간관계가 곧 이 학생의 삶이죠. 다시

말해 있는 그대로의 나가 아니라 '이렇게 보여야
한다'거나 '이래야 한다'는 기준에 맞춘 나입니다.
이 경우 '관계'는 자신의 컨디션을 나타내는 바로미터죠.
결국 나는 내가 바라본 '나' 대신 타인에게 달려 있어요.

이 상태로 지내면 평소에 아무렇지 않다가 때로
거북스러워요. 견디기 힘들 때는 가급적 주변을 향한
관심을 끊어버리지요. 그러나 이 긴급 처방에도
불구하고 자신이 처한 사정과 난국을 어떻게 헤쳐가야
할지 막막함을 느낍니다. 사실 진짜 시련은 자기 문제를
있는 그대로 시인하지 않는 탓에 발생합니다.

물론 이 학생은 아직까지 일부러 타인을 향한
시선을 거둔 적은 없을 겁니다. 자신도 모르게 엄청나게
관심을 기울이면서 실제로는 그렇지 않다고 생각할
뿐이지요. 이 학생은 공부든 도리든 의무를 다하려고
많이 애쓰고 있어요. 그러면서 한편으론 타인과 어떻게
지내야 할지, 무엇을 위해 살아야 할지, 현실적으로
어떤 일을 해야 할지 난감해합니다. 공부만 잘하면
그만일 것 같지만 실은 그렇지 않아요.

이 학생의 사명감이 점점 무거워지고 있네요.
본격적인 입시 준비를 앞두고 어느 대학 무슨 과를
가야 취업이 잘되는지 생각하면 머리가 아프고 가슴이
답답할 겁니다. 문과가 적성에 맞는다고 했는데 가령
영문과 졸업생이 모두 영어와 관련된 일을 하는 건

아닙니다. 전공과 직업이 무관하다는 불편한 진실을
앞에 두고 이 학생은 어떤 선택을 해야 할까요?

· · ·

리얼리스트 특성이 강한 사람은 조직을 위해 일할
때 보람을 느껴요. 물론 지시는 조직이 내리지요. 예를
들어 정부부처, 공사, 군대, 대기업 같은 조직은 소속
구성원에게 어떤 일을 해야 하는지 알려줍니다. 따라서
분명한 역할과 의무를 인지하고 업무에 임할 수 있지요.

고등학생 수준에서 이런 집단의 일원이 되기는
어렵습니다. 학생회 활동이 활발히 이뤄지는 학교라면
조금 다를 수 있겠네요. 과거에는 학도호국단이라는
학생자치단체가 있어서 어릴 때부터 조직원으로서의
경험을 충분히 쌓았지요. 그래서 조직 맞춤형 인간에
익숙했어요.

반면 21세기 청소년은 학생자치단체가 어색하고
거추장스럽죠. 조직 속의 인간이나 조직이 제공하는
역할도 낯설기만 합니다. 이것은 학생들에게 간단치
않은 일이라 어려움을 안겨주지요.

그럼 지금부터라도 누군가가 진로를 물으면
이 사회의 구성원으로서 성실하게 책임을 다하기 위해
공무원이나 군인이 되고 싶다고 하면 될까요?
아마 잠깐은 편해질 겁니다. 그러나 '이래도 될까?' 하는
의문은 여전히 사라지지 않을 거예요. 정답 같은

목표를 찾았지만 마땅히 해야 할 일을 한다는 느낌을 지울 수 없거든요. 실질적인 실천 방안을 모색해야 한다는 불안감은 똑같습니다. 이러한 두려움은 대학 신입생을 취준생 신분으로 몰아가지요.

괴로움에서 벗어나려면 자신의 특성에 알맞은 임무를 '스스로' 찾았다고 생각하면 됩니다. '나는 성실하니까' 성실하게 책임을 다하는 직업을 '스스로 선택하는 거다'라고 생각하는 거죠. 성실하게 책임을 다하는 직업군에는 공무원, 군인, 공사 직원, 대기업 사원 등이 있죠. 이것을 깨닫고 선택의 여지가 많다는 것을 지각하면 앞날을 걱정하는 부담은 조금 줄어들 겁니다. 다만 이런 일을 하면 정말 행복할까 하는 의심은 있겠죠. 그러나 '무엇을 해야 내가 즐겁고 행복할까' 같은 질문은 무의미해요. 그것은 미래에 정말로 그 일을 하게 되었을 때 물어봐도 된다고 자신을 다독여야 합니다. 그러면 근심과 혼란이 제법 사라질 거예요.

인간은 뭘 하든 왜 그것을 해야 하는지 확실한 근거를 아는 경우가 별로 없더군요. 직접 택하거나 의식하기보다 어쩌다 보니 하게 되는 경우가 많아요. 바람이 불면 바람을 맞고 비가 오면 비를 맞는 형국이라고나 할까요? 애써 바람을 피하고 비를 맞지 않겠다고 노심초사할수록 인간의 삶은 고단해집니다.
매사에 완벽할 수 있나요? 더러 비를 좀 맞는다고
자신을 책망하거나 학대하지 마세요.

자신이 왜 그 일을 해야 하는지 명료하게
인식하기는 어려워요. 대다수가 그냥 거기 길이
있으니까 걷는 겁니다. 애써 의미와 이유를 들추기보다
주어진 현실에 따라 사는 거지요. 이것이 리얼리스트의
기본적인 삶의 패턴이에요.

리얼리스트에게 그때그때 좋아하는 것이나 명백히
가치가 있는 것을 해보라는 제안은 또 다른 폭력입니다.
왜냐하면 때마다 의미를 부여하기도 힘들고 무엇을
좋아하는지 고민하는 것도 괴롭거든요.

• • •

이 학생, 셜록 황과의 상담으로 자신이 선택할
직업군은 좁혔지만 그 일을 제대로 해낼 수 있을지는
아직 자신이 없습니다. 성적도 그렇고 자신이 아직
그만한 자격을 갖추지 못했다고 믿거든요. 그러다 보니
셜록 황이 제시한 직업과 일이 정말로 자신에게 맞을지
또 다른 고민을 하네요.

리얼리스트가 하는 고민의 실체는 문제 자체에 있지
않아요. 이 학생이 하는 고민의 요점은 '어떤 진로를

선택할 것인지'가 아니에요. 본질은 '남들이 어떤 진로를 선택할지 물어보면 어떻게 대답할 것인지'에 있지요. 출제자의 의도에 맞게 대답해야 하니까요. 한마디로 이 학생은 관찰자의 관점에서 생기부를 작성하듯 정답 같은 자기소개 '소설'을 집필하려 하고 있어요. 그럴 것 없습니다.

만약 "네 꿈이 뭐니?"라는 질문을 받으면 이렇게 대답하면 돼요.

"저는 크고 중요한 조직의 구성원으로서 최선을 다해 조직 발전에 공헌하고 싶습니다."

그 조직이 국가일 수도 있고 아니면 대기업이나 사회 단체일 수도 있습니다. 중요한 것은 무에서 유를 창조하려는 마음, 나라와 민족에 봉사하겠다는 마음, 맨땅에 헤딩하듯 충성스러운 마음으로 좀 더 나은 세상과 사회를 만드는 데 기여하겠다고 주장하는 일이죠. 이 답변은 스티브 잡스처럼 누구도 엄두를 내지 못한 창의적인 업적을 쌓겠다는 다짐과는 달라요. 다음과 같이 말하는 것도 좋아요.

"모든 사람이 스티브 잡스가 될 필요는 없잖아요. 저는 세상의 빛과 소금이 되겠습니다."

셜록 황의 의견을 듣고 난 학생이 부연 설명을 하네요.

"진로를 깊이 고민하기 시작한 것은 고등학교 1학년

중반부터입니다. 그때부터 공부 걱정도 늘었지요. 전보다 더 노력했지만 예상과 달리 성적이 좋지 않았거든요. 더 열심히 해야 한다는 것은 알았지만 어쩐지 더 공부하기보다 팽개치고 싶은 마음이 들었죠. 자책도 많이 했어요. 더 열심히 할 걸, 한 시간만 더 했어도 잘되지 않았을까 하며 반성했지요."

이 학생은 '열심히'를 금과옥조로 삼았군요. 아마 대학 입시를 준비할 때나 훗날 대학을 졸업하고 직장에 다닐 때도 그럴 겁니다. 무엇을 위해, 왜 하는지 알지 못해도 '열심히'와 '성실하게'는 삶의 정답일 테죠. 단순히 답이 정해진 반복적인 일이면 '열심히'만으로도 효과가 납니다. 반대로 그것이 삽질에 불과하다면 비극적인 일이 펼쳐지겠죠.

• • •

특별한 공부 비법, 기적의 학습법을 익혀 그대로 한다고 '공신'이 되는 건 아니에요. 리얼리스트는 자신이 처한 상황이나 안타까운 현실을 있는 그대로 인정해야 해법을 찾을 수 있어요.

우선 그동안 열심히 삽질을 했음을 인정해야 해요. 그래야 다른 길을 발견할 수 있지요. 설령 삽질일지라도 그것이 할 만하면 다른 걸 찾아야 한다는 절박감이 생기지 않아요. 자기 성찰, 자기반성, 자기비판, 새로운 자아의식 등으로 스스로를 괴롭혀야 해요. 물론 이것은 상당히 불쾌하기 때문에 피하고 싶을 겁니다. 곪은 부위를 감추면 그만인데 그렇게까지 하고 싶지 않을 수도 있어요. 내가 제대로 가고 있는지 의심할 여력조차 없는데 자기 성찰이라니 하면서 괴로워할 수도 있지요.

'고민한다고 진로 문제가 저절로 해결되는 것도 아닌데 그냥 하던 대로 죽 공부나 하지 뭐.'

이러한 마음자세는 현재 상태를 유지하면서 계속 삽질을 하려는 리얼리스트의 전형적인 모습입니다.

책임을 다하며 꾸준히 노력하는 것은 훌륭한 자세예요. 이건 리얼리스트가 가장 잘하는 일이죠. 핵심은 과제를 완벽하게 완수하려면 자신의 어떤 특성을 발휘해야 하는지 아는 일입니다. 즉, '자기 찾기'가 필수지요.

그런데 리얼리스트는 타인의 주문에 맞추려다 보니 상황마다 자신의 어떤 특성을 발휘해야 하는지 감을 잡지 못해요. 무턱대고 바른 것이라고 믿는 것에 따라 스스로를 조절하지요. 나를 잃어버린 채 소속된 공동체의 사상과 생활양식에 자신을 욱여넣는 겁니다. 공부나 진학도 마찬가지죠.

그게 아니라 끊임없이 자문자답해야 해요. 이 점수를 올리려면 어떻게 해야 하지? 이 과목 성적이 예상보다 낮은 이유는 뭘까? 어떻게 공부하면 점수가 잘 나오지? 이건 마냥 착실하게 책상 앞에 앉아 있는 것과는 달라요. 자신의 상황에 맞게 당면 과제를 연구하는 것이지요. 다른 누군가의 시각이 아닌 자신의 마음을 믿어야 합니다.

개개인에게 맞는 답은 따로 있어요. 자신의 특이성을 기반으로 습관적으로 해온 행동과 그렇지 않은 것을 구분하기만 해도 일반적인 풀이와 자신에게만 해당되는 정답의 차이를 구별할 수 있지요.

흔히 고등학교 1학년과 2학년의 공부 방식은 달라야 한다고 말하죠. 이것은 오답이 아니지만 지금 자신이 어떤 상태에서 공부하고 있는지 언급이 없으면 이런 조언은 두려움만 더해줄 뿐입니다. 소위 입시 전문가들은 고2 때부터 전략적으로 접근해야 한다고 충고합니다. 이것은 그저 '자신이 좋아하는 것을 하라'는 식의 조언과 다르지 않아요.

이 학생은 수학과 과학이 가장 힘들다고 해요. 둘 다 벼락치기로 공부하고 있다는데 이 학생의 장점은 여러 차례 말했듯 책임감과 꾸준함이죠. 그렇다면 그동안 수학과 과학 학습에 책임감과 꾸준함을 활용하지 않은 셈이군요. 벼락치기는 이 학생에게는 잘 맞지 않아요. 리얼리스트에게 벼락치기 공부는 '공부

코스프레'에 지나지 않아요. 공부하는 시늉을 하며
자신에게 면죄부를 주는 것이지요.

리얼리스트에게 공부는 학교 성적, 즉 내신을
올리고 성적을 잘 받으려는 일입니다. 이것이 공부에
관한 '현실적인' 기준이죠. 대학 진학은 자기 가치를
높이는 수단이고요.

이 학생이 이 관점을 따르려면 내담자는 가급적
명문대에 입학해야겠네요. 전공은 먼저 대학 간판을
택한 뒤 선택하세요. 적성과 재능을 따르고 싶다는
것은 '우물에서 숭늉을 찾는 격'에 불과합니다. 자신이
선택한 전공에서 어떻게 공부해야 할지 알고 싶다면
우선 어떤 스펙을 갖춘 인물로 거듭날 것인지에 초점을
맞춰야 합니다. 리얼리스트가 이상적인 비전이나 꿈을
추구하는 것은 또 다른 코스프레 활동이지요.

• • •

여기까지 상담이 진행되자 이 학생, 살짝 상기된
표정으로 셜록 황에게 물었습니다. 조금 수줍은
얼굴이네요.

"혹시 연애 질문을 해도 될까요? 어떤 여자아이와
약간 친해지면서 호감을 느끼게 되었어요. 그 애가
다른 남자애랑 장난치는 것을 보면 신경이 쓰입니다.
썸을 타다가 진지하게 발전하고 싶은 마음도 있는데

왠지 그건 좀 아닌 것 같아요. 진짜로 꽂힌 상대가
아니면 부담스러워서 중간에 제가 먼저 선을 긋게
되더라고요. 이럴 땐 어떻게 해야 하죠?"

풋풋한 열여덟 살 소년의 어설픈 연애 상담이네요.
내내 참았던 궁금증을 용기를 내 물은 듯합니다.
셜록 황은 로맨티시스트에서 리얼리스트로 변한
소년의 마음을 읽고 다정하게 응답했습니다.

"좋아하는 소녀에게 잘해주면 됩니다. 본인의
성격에 맞게 연애도 꾸준하고 성실하게 하면 되지요.
여학생과 사귀어도 지금은 상당히 엄격한 규칙 속에
만나야 해요. 아직 어리니까 다양한 사람을 만날
기회를 원천봉쇄하면 안 되잖아요."

고등학생 시기에 만난 연인과 결혼에 이를 확률은
극히 낮아요. 설령 여자 친구를 사귀어도 상대에게
무얼 더 해줄 게 별로 없어요. 그냥 베프처럼 대하는 게
좋죠. 호감이 가는 여자 친구를 특별한 사람으로
여길수록 좋은 관계를 유지하기가 어려워요. 그 관계를
한정하는 삽질을 하게 되거든요.

타인과의 관계에서 자신의 성향을 잘 드러낼 때
연애에 성공합니다. 리얼리스트 학생이라면 썸 타는
여학생과 친구처럼 지내는게 성향에 맞아요.
즉, 좋아한다, 좋아하지 않는다는 마음은 혼자 속에
간직하는 거지요. 그 여학생의 사교 생활에 간섭하지

말고요. 이것이 리얼리스트의 연애 비법이자 자신의
개성을 잘 응용하는 인간관계 비결이에요.

물론 언젠가는 결혼도 하겠지요. 결혼은 상대가
더 이상 다른 사람과 사귀지 않아야 한다는 것을
제도적으로 보장받는 것이란 것쯤은 알잖아요? 그러니
결혼하지 않을 여자 친구는 남자 친구처럼 대하세요.
설레긴 해도 친구니까요. 그 상대는 오로지 나하고만
관계를 맺을 수 있는 소유물이 아니랍니다.

· 부록 · **리얼리스트 유형 설명**

리얼리스트

타인의 인정을 통해 존재감 획득

    — 타인의 시선을 의식, 너무 튀지 않게 행동.
    — 착한 사람 콤플렉스.
    — 공감이나 자기 성찰은 부족.

소속감을 통한 안정

    — 한국 사회에 적합한 조직형 인간.
    — 인생의 목표는 가정의 화목, 행복, 건강.
    — 기존 틀에 충실, 큰 변화 거부, 새로운 시도 회피.
    — 카멜레온적인 적응력, 부화뇌동처럼 비춰짐.

    리얼리스트는 타인의 존재를 통해 자기 존재를 확인하려 듭니다. 그래서 다른 사람들이 자신을 어떻게 보는지가 가장 중요합니다. 이런 이유로 리얼리스트는 카멜레온처럼 다양한 상황에 따른 변화에 아주 뛰어납니다. 리얼리스트에게는 '어느 직장에 다니느냐' 하는 소속과 스펙이 중요합니다. 사람들과의 대화 속에서 유명한 사람을 안다든지, 높은 자리에 있는 사람을 안다는 이야기를 쉽게 합니다.

또 리얼리스트는 남이 나를 믿는지 믿지 못하는지에 무척이나 신경을 씁니다. 내 편인지 아닌지가 중요하지요. 다른 사람에게 믿음직스럽게 보이기 위해 '내가 이러이러한 일을 할 수 있다'는 것을 끊임없이 보여주려 노력하지만 정작 스스로는 다른 사람을 잘 믿지 못합니다. 다른 사람이 하는 일도 잘 믿지 않습니다. 리얼리스트는 다른 사람들이 살아가는 방식을 궁금해하고 어떻게 살아가는지 알고 싶어 합니다. 그리고 자신과 비슷하게 살아가는 모습을 확인하고는 안도합니다.

리얼리스트는 주변 상황과 주위 사람에게 자신을 맞추려 애씁니다. 또 타인의 마음에 잘 맞추어 주는 착한 사람이 되려고 합니다. '착한 사람 콤플렉스'가 있다고 할 정도로 타인의 감정을 배려하고 불편하게 하지 않으려 하며 남을 돕는 것에 큰 의미를 부여합니다. 그래서인지 보람을 느껴서 한 일에 대해 다른 사람이 좋지 않은 평가를 하면 쉽게 상처를 받고 서운해합니다.

리얼리스트는 특정 인물이나 과제에 강한 열정이나 확신을 느끼며 빠져들지는 않습니다. 또 그런 행동에 큰 가치를 부여하지 않습니다.

타인의 감정을 수용하는 듯하나 사실은 상대의 눈치를 보면서 남의 의견, 특히 주류나 대세를 따르는 경우가 많습니다. 남들보다 튀는 것을 좋아하지 않으며 왕따가 되는 것을 두려워합니다. 현실적인 삶의 논리에 충실하며 성실하게 살아가는 대다수의 직장인에게서 쉽게 찾아볼 수 있는 성향입니다. 자신이 속한 조직의 틀에 충실하면서 자기 일이나 인간관계를 항상 상황의 논리에 맞추어 풀어냅니다. 리얼리스트는 어떻게 보면 세상을 유지하는 빛과 소금 같은 존재입니다.

리얼리스트의 진정한 자기 찾기

무난하게 사는 게 답이야

첫판 1쇄 펴낸날 2017년 11월 3일
　　　 3쇄 펴낸날 2019년 9월 5일

지은이 황상민
발행인 김혜경
편집인 김수진
책임편집 이은정 **편집** 김수연
편집기획 김교석 조한나 유예림
디자인 한승연 한은혜
경영지원국 안정숙
마케팅 문창운 노현규
회계 임옥희 양여진 김주연

펴낸곳 (주)도서출판 푸른숲
출판등록 2003년 12월 17일 제 406-2003-0000032호
주소 경기도 파주시 회동길 57-9, 우편번호 10881
전화 031)955-1400(마케팅부), 031)955-1410(편집부)
팩스 031)955-1406(마케팅부), 031)955-1424(편집부)
홈페이지 www.prunsoop.co.kr
페이스북 www.facebook.com/simsimpress　　　**인스타그램** @simsimbooks

ⓒ황상민, 2017
ISBN 979-11-5675-714-6(04180)
ISBN 979-11-5675-713-9(세트)

심심은 (주)도서출판 푸른숲의 인문·심리 브랜드입니다.

이 도서의 국립중앙도서관 출판시도서목록(CIP)은 e-CIP 홈페이지(http://www.nl.go.kr/ecip)와
국가자료공동목록시스템(http://www.nl.go.kr/kolisnet)에서 이용하실 수 있습니다. (CIP2017027372)